Sami

Anne Bietz

Ach so!

Deutsch als Fremdsprache für Anfängerinnen und Anfänger oder zum Quereinstieg

Illustrationen von Jahanguir Dermani

Verlag IBIS – Interkulturelle Arbeitsstelle e.V.

Bibliografische Information der Deutschen Nationalbibliothek

Die Deutsche Nationalbibliothek verzeichnet diese Publikation
in der Deutschen Nationalbibliografie;
detaillierte bibliografische Daten sind im Internet
über http://dnb.dnb.de abrufbar.

ISBN: 978-3-934004-13-9
4. Auflage 2015

Verlag und Bezug:

IBIS – Interkulturelle Arbeitsstelle e.V.
Klävemannstraße 16
26122 Oldenburg
Fon: 04 41 – 88 40 16
Fax: 04 41 – 984 96 06
e-mail: bestellung@ibis-ev.de
Preise siehe Bestellzettel auf der letzten Seite

Illustrationen: Jahanguir Dermani
Layout: Werkstattgraphik Jürgen Biella
Übersetzung ins Arabische: Shahla Augusten/Mansour Movahedzadeh
Übersetzung ins Persische: Mansour Movahedzadeh
Übersetzung ins Türkische: Mustafa Sahin
Übersetzung ins Kurdische: Eskere Boyik
Übersetzung ins Russische Katharina Pytjew

ISBN 978-3-934004-13-9

Inhaltsverzeichnis

Vorbemerkungen zur 4. Auflage

In den meisten Lehrbüchern für Deutsch als Fremdsprache wird der besonderen Lebenssituation von Flüchtlingen in Deutschland kaum Rechnung getragen. Um diese Lücke zu füllen, entstand „Ach so!", ein in der Praxis erprobtes Lehrwerk.

Das von Anne Bietz verfasste Lehrbuch ermöglicht das jederzeitige Einsteigen in den Unterricht, denn die Lektionen bauen nicht aufeinander auf.
Der Unterricht kann also ohne Vorkenntnisse bei jeder beliebigen Lektion begonnen werden, und anders als bei konventionellen Sprachkursen können sich die Lernenden jederzeit wieder leicht in die Kapitel einfinden.
Sie erwerben mit jeder Lektion grammatikalische Kenntnisse und erweitern ihren Wortschatz auch mit Hilfe erklärender Bilder. Die Illustrationen zu den Lektionen sind von Jahanguir Dermani liebevoll gezeichnet.

Die Themen sind so gewählt, dass sie sich an der Lebenswirklichkeit von Flüchtlingen orientieren. Sie erleichtern ein schnelles Zurechtfinden in der neuen Umgebung und in typischen Situationen.

Hilfreich sind für viele Flüchtlinge auch unsere Übersetzungen im Anhang des Buches.
Wir haben dort die wichtigsten asylrelevanten Begriffe in Englisch, Französisch, Türkisch, Kurdisch, Russisch, Arabisch, Persisch und Tigrinya aufgeführt.

In den letzten 15 Jahren hatten wir eine stark reduzierte Sonderausgabe zum Selbstkostenpreis und eine gebundene Standardausgabe zur Verfügung gestellt.

Statt nun wegen der gestiegenen Kosten den Preis für jede dieser Ausgaben zu erhöhen, haben wir uns entschlossen, die beiden Bücher zusammenzuführen. Dadurch konnten wir den Preis der Standardausgabe sogar senken. Ab sofort erscheint nur noch eine gebundene Ausgabe zum Preis von 6,80 Euro.

Bei unseren Überlegungen, wie wir den Preis niedrig halten können, kamen wir zu dem Schluss, dass wir den geringeren Verwaltungsaufwand bei Großbestellungen als Mengenrabatt an Sie weitergeben werden. Bei Bestellung von 100 Exemplaren kostet das Buch z.B. nur noch 4,50 Euro. Wir empfehlen deshalb die Sammelbestellung als Klassensätze durch die Kursleiter_innen (Preis-Staffelung s. Bestellschein auf der letzten Seite)

„Ach so!" wird inzwischen in großen Mengen in ganz Deutschland als Standardwerk für Flüchtlingskurse bestellt. Dies hat selbst unsere größten Erwartungen übertroffen und freut uns sehr.

Zwei Hinweise noch zum Schluss:
Da ein Lehrwerk nie perfekt sein kann, sind wir für Anregungen zur Verbesserung für weitere Auflagen dankbar (an bestellung@ibis-ev.de).

Und im Sommer erscheint bei uns ein neues Übungsbuch, das den Ach so!-Band sinnvoll ergänzt: „Ach so geht das! Das Übungsbuch" von I. Janßen-Snakker. Schauen Sie es sich auf unserer Website an, geben Sie den Tipp gern an Kolleg_innen weiter – oder bestellen Sie es am besten gleich selbst!

Uwe Erbel
(IBIS-Interkulturelle Arbeitsstelle e.V.)

Weitergehende Informationen zur Rechtssprechungspraxis in Asylverfahren in Deutschland bieten wir in Kooperation mit dem Informationsverbund Asyl und Migration e.V. an. Ungefähr 9 – 10 mal pro Jahr erscheint hier das ASYLMAGAZIN, in dem Urteile und Länderberichte in Auszügen zitiert werden, die vollständig bei IBIS e.V. bestellt werden können. Siehe auch: www.asyl.net

1 Erste Hilfe

Das habe ich nicht verstanden.

Das war zu schnell.

Kannst du bitte langsamer sprechen?
Können Sie bitte langsamer sprechen?

Kannst du das bitte buchstabieren?
Können Sie das bitte buchstabieren?

Kannst du das noch mal erklären?
Können Sie das bitte noch mal erklären?

Kannst du das bitte wiederholen?
Können Sie das bitte wiederholen?

Wie heißt das auf Deutsch?
Wie wird das ausgesprochen?

2 Small Talk (Begrüßung)

2.1 Wichtiges am Tag

Guten Morgen	Auf Wiedersehen	Bitte
Guten Tag	Tschüss	Danke
Guten Abend	Hallo	ja nein
Entschuldigung	vielleicht	Bis bald!

2.2 Personalpronomen

Singular:

ich
du
er
sie
es

Plural:

wir
ihr
sie
Sie

2.3 Die Verben „wohnen“, „heißen“ und „gehen“

	wohnen	**heißen**	**gehen**
ich	wohne	heiße	gehe
du	wohnst	heißt	gehst
er, sie, es	wohnt	heißt	geht
wir	wohnen	heißen	gehen
ihr	wohnt	heißt	geht
sie/Sie	wohnen	heißen	gehen

2.4 Wortfrage

WO wohnst du?	Ich wohne in Oldenburg.
WIE heißt du?	Ich heiße Marlene.
WIE geht es dir?	Gut, danke. (Mir geht es gut, danke. -
	Mir geht es nicht so gut.)

2.5 Hallo, wie geht’s!?

nah

❖ Hallo!
◆ Hallo!
❖ Wie geht es dir?
◆ Gut, danke. Und dir?
❖ Auch gut.
◆ Wie heißt du?
❖ Ich heiße Ria. Und du?
◆ Ich heiße Tom.
❖ Wo wohnst du, Tom?
◆ Ich wohne in Oldenburg. Und du?
❖ Ich wohne auch in Oldenburg.
◆ Bis bald!
❖ Ja, tschüss!

distanziert

❖ Guten Tag!
◆ Guten Tag!
❖ Wie geht es Ihnen?
◆ Gut, danke. Und Ihnen?
❖ Auch gut, danke.
◆ Wie heißen Sie?
❖ Ich heiße Bansah. Und Sie?
◆ Ich heiße Bauer.
❖ Wo wohnen Sie, Herr Bauer?
◆ Ich wohne in Hamburg. Und Sie, Frau Bansah?
❖ Ich wohne in Berlin!
◆ Auf Wiedersehen!
❖ Auf Wiedersehen!

2.6 Verben

	komm-en	**heiß-en**	**geh-en**	**wohn-en**
ich	komm-e	heiß-e	geh-e	wohn-e
du	komm-st	heiß-t	geh-st	wohn-st
er, sie, es	komm-t	heiß-t	geh-t	wohn-t
wir	komm-en	heiß-en	geh-en	wohn-en
ihr	komm-t	heiß-t	geh-t	wohn-t
sie/Sie	komm-en	heiß-en	geh-en	wohn-en

2.7 Übung

Wo wohnst du?	Ich wohne in Berlin.
Wo wohnst du?	Ich wohne in Hamburg.
Wo wohnt Tom?	*in Abidjan.*
Wo wohnt Maria?	
	Sie wohnt in Paris.
Wo wohnen Rosalie und Victor?	
	Sie wohnen in London.
Wo wohnt ihr?	
	Wir wohnen in Abidjan.
	Er wohnt in der Federstraße 5.
Wie heißt du?	Ich heiße Michele.
	Ich heiße Anton.
Wie heißt sie?	Sie heißt Ama.
Wie heißt er?	
	Sie heißt Diana.
	Sie heißen Tom und Diana.
Wie heißt ihr?	Wir heißen Ama und Anton.
	Wir heißen Kevin und Stefanie.

2.8 Übe diesen Dialog!

◆ Wie geht es dir?
❖ Danke gut. Und dir?
◆ Auch gut. Danke.
❖ Wie heißt du?
◆ Ich heiße .... Und du?
❖ Ich heiße ....
◆ Wo wohnst du?
❖ Ich wohne in Oldenburg. Und du?
◆ Ich wohne auch in Oldenburg.

2.9 Dialog

◆ Guten Tag.
❖ *Guten Tag, wie geht es Ihnen?*
◆ Gut, danke. Und Ihnen?
❖
◆ Wie heißen Sie?
❖
◆ Ich heiße Frau Mensa.
❖
◆ Ich wohne in München. Und Sie?
❖
◆ Auf Wiedersehen!

◆ Hallo!
❖ *Hallo, wie ...*
◆ Gut, danke! Und dir?
❖
◆ Ich heiße Diana. Und du?
❖
◆ Wo wohnst du, Diana?
❖
◆ Ich wohne in Hamburg.
❖
◆ Tschüss!

3 Fragen

3.1 Wie? Wo? Woher? Wohin?

Wie heißt du?	Ich heiße Nathalie.
Wie geht es dir?	Mir geht es gut, danke.
Wo wohnst du?	Ich wohne in Paris.
Woher kommst du gerade?	Ich komme aus der Stadt.
Wohin gehst du jetzt?	Ich gehe nach Hause.

3.2 Dialog

❖ Hallo! Ich *heiße* Leo. **Wie** *heiß*t du?
◆ Ich *heiße* Esther.
❖ **Woher** *kommst* du gerade, Esther?
◆ Ich *komme* aus der Stadt. Und du, Leo?
❖ Ich *komme* von meinem Freund.
◆ **Wo** *wohn*t dein Freund?
❖ Er *wohnt* in Bremen. Und **wo** *wohnst* du, Esther?
◆ Ich *wohne* in Oldenburg.
❖ **Wohin** *gehst* du jetzt?
◆ Ich *gehe* nach Hause. Und du?
❖ Ich auch.

3.3 Übung

nah	**distanziert**
Wie heißt du? ____________	Wie heißen Sie? ____________
Wo wohnst du? ____________	Wo wohnen Sie? ____________
Woher kommst du gerade? ____________	Woher kommen Sie gerade? ________
Wohin gehst du? ____________	Wohin gehen Sie? ____________
Wohin gehen Leo und Esther? ____________	Wo wohnen Herr und Frau Lehman
Wo wohnt Esther? ____________	Wo wohnt Frau Lehmann
Wo wohnt Leos Freund? ____________	Wo wohnt Herr Lehmanns Bekannter

3.4 Wie heißt die Frage?

______________________	Ich heiße Kofi.
______________________	Er kommt gerade aus der Stadt.
______________________	Esther wohnt in Oldenburg.
______________________	Ich gehe zum Bahnhof.

4 Frage und Antwort

1. Wie heißt du?	Ich heiße Dorothee.
2. Wie heißen Sie?	Ich heiße Daya.
3. Wie heißt sie?	Sie heißt Sara.
4. Wie heißt er?	Er heißt Robert.

1. Wo wohnst du?	Ich wohne in Berlin.
2. Wo wohnen Sie?	Ich wohne in Rom.
3. Wo wohnt sie?	Sie wohnt in Teheran.
4. Wo wohnt er?	Er wohnt in Bremen.

1. Was möchtest du trinken?	Ich möchte Tee trinken.
2. Was möchten Sie trinken?	Ich möchte Kaffee trinken.
3. Was möchte sie trinken?	Sie möchte Wasser trinken.
4. Was möchte er trinken?	Er möchte Cola trinken.

	heißen	**wohnen**	**möchten**
ich	heiße	wohne	möchte
du	heißt	wohnst	möchtest
er, sie, es	heißt	wohnt	möchte
wir	heißen	wohnen	möchten
ihr	heißt	wohnt	möchtet
sie/Sie	heißen	wohnen	möchten

4.1 Schreibe ein Interview

◆ Hallo!	❖ Hallo !
◆ Wie heißt du?	❖
◆ Wo wohnst du?	❖
◆ Was möchtest du trinken?	❖

◆ Guten Tag!	❖
◆ Wie heißen Sie?	❖
◆	❖
◆	❖
◆	❖

4.2 Was möchtest du?

Was möchtest du trinken?

Ich möchte | Cola **trinken.**
Wasser
Saft
Tee
Bier
Kaffee

Was möchtest du essen?

Ich möchte | Nudeln **essen.**
Kartoffeln
Grieß, Reis
Schokolade
Chips
Fleisch
Fisch
Gemüse

Was möchtest du machen?

Ich möchte | schlafen.
lesen.
tanzen.
essen.
lernen.
spielen.
spazierengehen.
rauchen.

5 Verben

Version a)

	wohn**en**	kenn**en**	geh**en**
ich	wohn**e**		
du	wohn**st**		
er / sie / es	wohn**t**		
wir	wohn**en**		
ihr	wohn**t**		
sie/Sie	wohn**en**		

	bleib**en**	komm**en**	mach**en**
ich			
du			
er / sie / es			
wir			
ihr			
sie/Sie			

	glaub**en**	hör**en**	beginn**en**
ich			
du			
er / sie / es			
wir			
ihr			
sie/Sie			

Verben Version b)

	wart**en**	arbeit**en**	antwort**en**
ich	wart**e**		
du	wart**est**		
er / sie / es	wart**et**		
wir	wart**en**		
ihr	wart**et**		
sie/Sie	wart**en**		

Version c)

	treff**en**	geb**en**	seh**en**
ich	treff**e**		
du	tr**i**ff**st**		sieh**st**
er / sie / es	tr**i**ff**t**		
wir	treff**en**		
ihr	treff**t**		
sie/Sie	treff**en**		

	nehm**en**	helf**en**	ess**en**
ich			esse
du	nimm**st**		isst
er / sie / es			
wir			
ihr			esst
sie/Sie			

5.1 Noch mehr Verben! Vervollständige die Tabelle!

	koch-en	**heiß-en**	**telefonier-en**	**kauf-en**	**versteh-en**	**such-en**
ich	koch **e**	heiß-e	telefonier...	....	versteh...	such...
du	koch **st**	heiß-t	telefonier **st**	kauf...	versteh...	....
er / sie / es	koch **t**	heiß-t	telefonier...	kauf...	....	such...
wir	koch **en**	heiß-en	....	kauf...	versteh...	such...
ihr	koch **t**	heiß-t	telefonier...	....	versteh...	such...
sie/Sie	koch **en**	heiß...	telefonier...	kauf...	ver-	
steh...	....					

	sprech-en (i !)	**schlaf-en (ä !)**	**fahr-en (ä !)**
ich	spreche	schlaf-e	fahr...
du	*sprichst*	*schläfst*	*fähr...*
er / sie / es	*spricht*	*schl.....ft*	*f...hrt*
wir	sprechen	schlaf...	fahr...
ihr	sprecht	schlaf...	fahr...
sie/Sie	sprechen	....	....

5.2 Setze die Verbformen ein!

1. Hans ____________________ (wohnen) in London.
2. Er ____________________ (gehen) gerne an der Themse spazieren.
3. Ich ____________________ (kennen) den Kinofilm schon.
4. Ich ____________________ (bleiben) lieber zu Hause.
5. Wir ____________________ (hören) die Nachrichten im Radio.
6. Wir ____________________ (glauben) nicht alles, was wir hören.
7. Frau Kijo ____________________(warten) noch auf ihre Freundinnen.
8. Zusammen ____________________ (beginnen) sie (Plural!) mit der Arbeit.
9. Du ____________________ (treffen) um 9 Uhr deinen Anwalt.
10. Der Anwalt ____________________ (geben) dir einen Brief.
11. Ihr ____________________ (arbeiten) zusammen.
12. Ich ____________________ (sehen) einen Fehler.
13. Wir ____________________ (nehmen) Zucker in den Kaffee.
14. Sarah ____________________ (essen) vier Scheiben Brot, weil sie Hunger hat.
15. Ich ____________________ (helfen) dir gerne!

5.3 Schreibe zu jedem Verb einen Satz!

wohnen ⇨ *Ich wohne ....*
kennen ⇨
gehen ⇨
bleiben ⇨
kommen ⇨
machen ⇨
glauben ⇨
hören ⇨
beginnen ⇨
warten ⇨
arbeiten ⇨
treffen ⇨
geben ⇨
sehen ⇨
nehmen ⇨
helfen ⇨
essen ⇨

5.4 Schreibe zu jedem Verb einen Satz und eine Satzfrage!

1. *Ich heiße Marlene.* *Heißt du Marlene?*
2.
3.
4.
5.

6 Die Artikel

6.1 bestimmte Artikel — Plural

der **die** **das**	**die**

Beispiele:

der Tisch, der Tag, der Baum	die Tische, die Tage, die Bäume
die Tasse, die Uhr, die Banane	die Tassen, die Uhren, die Bananen
das Haus, das Buch, das Jahr	die Häuser, die Bücher, die Jahre

6.2 unbestimmte Artikel — Plural

der ⇨ **ein** die ⇨ **eine** das ⇨ **ein**	**die - XXX**

Beispiele:

ein Tisch, ein Tag, ein Baum	Tische, Tage, Bäume
eine Tasse, eine Uhr, eine Banane	Tassen, Uhren, Bananen
ein Haus, ein Buch, ein Jahr	Häuser, Bücher, Jahre

6.3 unbestimmte Artikel negativ — Plural

ein ⇨ **kein** eine ⇨ **keine** ein ⇨ **kein**	**XXX - keine**

Beispiele:

kein Tisch, kein Tag, kein Baum	keine Tische, keine Tage, keine Bäume
keine Tasse, keine Uhr, keine Banane	keine Tassen, keine Uhren, keine Bananen
kein Haus, kein Buch, kein Jahr	keine Häuser, keine Bücher, keine Jahre

6.4 Plural

	maskulinum	**femininum**	**neutrum**	**plural**
bestimmt	der Tisch	die Tasse	das Haus	die Häuser
unbestimmt	ein Tisch	eine Tasse	ein Haus	Häuser
negativ	kein Tisch	keine Tasse	kein Haus	keine Häuser

6.5 Das ist ein ....!

Ist das ein Tisch?
Ja, das ist ein Tisch.
Nein, das ist kein Tisch.

Ist das eine Uhr?
Ja, das ist ____________ Uhr.
Nein, das ist ____________ Uhr.

Sind das Bücher?
Ja, das sind Bücher.
Nein, das sind ____________ Bücher.

Ist das ein Haus?
Ja, das ist ______________ Haus.
Nein, das ist ______________ Haus.

Was ist das?

Das ist ....

der Tisch

die Banane

der Kalender

das Haus

das Buch

die Tasse

das Jahr

die Uhr

7 Das Alphabet

A a	Anfang
B b	Brief
C c	Computer
D d	Danke
E e	Elefant
F f	Fisch
G g	Garten
H h	Haus
I i	Insel
J j	Ja
K k	Küche
L l	Luftballon
M m	Mutter
N n	Name
O o	Obst
P p	Politik
Q q	Quadrat
R r	Ruhe
S s	See
T t	Tasche
U u	Uhr
V v	Vater Vase
W w	Wasser
X x	Xylofon
Y y	Yoga
Z z	Zug

Ää (Äpfel)
Öö (Öl)
Üü (Übung)
ß (Maß)

ei (Ei)
ai (Mai)
au (Haus)
äu (Häuser)

ch (ich)
ch (doch)
sch (Schule)
st (Stein)
ck (Stück)

7.1 Buchstabieren

◆ Rechtsanwalt Bonny, Guten Tag!
❖ Guten Tag. Ich heiße Joe Mensa. Haben Sie meinen Brief bekommen?
◆ Können Sie bitte Ihren Namen buchstabieren?
❖ Ja gerne! J-O-E . Das ist mein Vorname. M-E-N-S-A mein Nachname.
◆ Ja, wir haben Ihren Brief bekommen!
❖ Danke. Auf Wiederhören.
◆ Auf Wiederhören.

7.2 Hören

❖ Entschuldigung, wie heißt das auf Deutsch?
◆ Das ist ein ....

❖ Kannst du das bitte buchstabieren?
◆ ______________________________
❖ Danke!

❖ Entschuldigung, wie heißt das auf Deutsch?
◆ Das ist eine ....

❖ Kannst du das bitte buchstabieren?
◆ ______________________________
❖ Danke!

❖ Entschuldigung, wie heißt das auf Deutsch?
◆ Das ist eine ....

❖ Kannst .... das bitte buchstabieren?
◆ ______________________________
❖ Danke!

❖ Entschuldigung, wie heißt das auf Deutsch?
◆ Das ist ein ....

❖ Kannst du das bitte ....?

❖ Entschuldigung, wie heißt das auf Deutsch?
◆ ....

❖ Kannst du das .... buchstabieren?
◆ ______________________________
❖ ....!

❖ Entschuldigung, wie heißt das auf Deutsch?
◆ Das ist ein ....

❖ .... du .... bitte buchstabieren?
❖ ....!

8 Die Satzstruktur

8.1 Verben

	gehen	suchen	warten
ich	gehe	suche	warte
du	gehst	suchst	wartest
er, sie, es	geht	sucht	wartet
wir	gehen	suchen	warten
ihr	geht	sucht	wartet
sie/Sie	gehen	suchen	warten

8.2 Der Satz

Ich	**suche**	**den Bahnhof**
Subjekt	**Verb**	**Objekt**

Genauso:

Wir	**gehen**	**in die Stadt.**
Subjekt	**Verb**	**Präpositionalobjekt**

oder:

Du	wartest	auf den Bus.

8.3 Übung

1. **sucht** **den Bahnhof** **Alfred** ______________________

2. **in die Stadt** **Maria** **geht** ______________________

3. **wir** **warten** **auf den Zug.** ______________________

8.4 Die Satzfrage

Wartest	**du**	**auf das Essen?**
Verb	**Subjekt**	**Objekt**
Geht	er	nach Hause?
Sucht	sie	einen Schlüssel?

8.5 Übung

1. | du | | suchst | | dein Geld | ?______________________
2. | auf den Bus | | Sara | | wartet | ?______________________
3. | wir | | nach Hause | | gehen | ?______________________

8.6 Übung

Wohnt Tina in Frankfurt?	Tina wohnt in Frankfurt.
	Sammy geht nach Hause.
	Ich warte auf den Bus.
	Kofi und Ama suchen den Bahnhof.
	Frau Meyer geht in die Stadt.
	Herr Traore wartet auf den Zug.

8.7 Die Verneinung

Ich	**gehe**	+	**nicht**	**nach Hause**
Subjekt	**Verb**	+	**nicht**	**(Präpositional-)Objekt**
Ich	warte		nicht	auf Sara.
Alfred	sucht		nicht	den Bahnhof.

8.8 Übung

1. | nicht | | auf den Bus | | ich | | warte | ______________________
2. | nach Hause | | du | | nicht | | gehst | ______________________
3. | suchen | | den Bahnhof | | nicht | | wir | ______________________

8.9 Übung

❖ Gehst du nach Hause?

◆ Ja, ich gehe ______________________ ◆ Nein, ______________________

❖ Wartest du auf den Bus?

◆ Ja, ______________________ ◆ Nein, ______________________

❖ Suchst du den Bahnhof?

◆ Ja, ______________________ ◆ Nein, ______________________

8.10 Übung

Hallo Gérard! Gehst du in die Disco?
Nein, ich gehe nicht in die Disco. Ich gehe ins Kino.

❖ Hallo Miriam! Suchst du den Bahnhof?

◆ Nein, ______________________. Ich suche das Kino.

❖ Hallo Peter! Wartest du auf Frau Safi?

◆ Nein, ______________________. Ich warte auf den Bus.

8.11 Bilde Sätze!

Ich	du	Arbeit.
Luise	gehe	nach Hause.
Ihr	warten	deinen Schlüssel?
Wir	suchen	in die Stadt.
Sie	sucht	den Bahnhof.
Suchst (!)	geht	auf den Bus.

8.12 Übung

telefonieren:
ich telefoniere *du telefonierst*

Telefonierst du mit Paula?
Ja, ich telefoniere mit Paula.
Nein, ich telefoniere nicht mit Paula.

Wartest du auf den Bus?

Gehst du nach Hause?

Telefonierst du oft?

Wartest du auf den Tee?

Gehst du zum Bus?

Telefonierst du mit Mario?

Wartest du auf Schnee?

Gehst du einkaufen?

Telefonierst du mit deinem Onkel?

Wartest du auf die Sonne?

Gehst du in den Deutschkurs?

Telefonierst du gerne?

9 Haben und Sein

	haben	*Präteritum*
ich	habe	hatte
du	hast	hattest
er	hat	hatte
sie	hat	hatte
es	hat	hatte
wir	haben	hatten
ihr	habt	hattet
sie/Sie	haben	hatten

Ergänze die Verben! (haben)

Ich habe Hunger.
Du ______________ Durst.
Sie ______________ gute Laune.
Er ______________ schlechte Laune.
Wir ______________ keine Lust.
Ihr ______________ Lust.
Sie ______________ keine Zeit.

	sein	*Präteritum*
ich	bin	war
du	bist	warst
er	ist	war
sie	ist	war
es	ist	war
wir	sind	waren
ihr	seid	wart
sie/Sie	sind	waren

Ergänze die Verben! (sein)

Ich ______________ 32 Jahre alt.
Du ______________ hungrig.
Jane ______________ Studentin.
Henry ______________ traurig.
Es ______________ schon spät.
Wir ______________ sauer.
Ihr ______________ zu früh.
Sie ______________ müde.

Übung: Ergänze die Verbformen im Präteritum!

10 Adjektive

Das Wetter ist **schön**.
Ich bin **krank**.
Die Hose ist **teuer**.

gut	schlecht	nass	trocken
schön	hässlich	weich	hart
groß	klein	leer	voll
klug	dumm	schmutzig	sauber
interessant	langweilig	dick	dünn
ernst	komisch	lang	kurz
schnell	langsam	neu	alt
hell	dunkel	kalt	heiß
teuer	billig	süß	sauer
einfach	schwierig	traurig	fröhlich
leicht	schwer		

Wie ist das Wetter in Oldenburg? — Das Wetter in Oldenburg ist ....
Wie **war** der Film? — Der Film war .... und............................... .
Wie war die Fahrt? — Die Fahrt war ....
Wie findest * du das Hemd? — Ich finde das Hemd ....

(* etwas finden: Akkusativ! *der* - **den**; *die* - die; *das* - das)

11 Komparativ und Superlativ

schön	schlech**t**	gut	viel	gern
schön**er**	schlecht**er**	**besser**	**mehr**	**lieber**
am schön**sten**	am schlecht**esten**	**am besten**	**am meisten**	**am liebsten**

1. Das Wetter ist am Montag schön.
2. Das Wetter ist am Dienstag schöner als Montag.
3. Das Wetter ist am Mittwoch am schönsten.
4. Das Wetter ist heute gut.
5. Morgen wird es genauso gut wie heute.
6. Ich esse nicht gern Kartoffeln, ich esse lieber Nudeln als Kartoffeln. Am liebsten esse ich Pizza.

1. Bilde den Komparativ und den Superlativ!

schnell

langsam

groß (o ⇨ ö)
größer

klein

teuer (er ⇨ r)

billig

kal**t** (a ⇨ ä)

heiß

2. Bilde je drei Sätze!

1.
2.
3.

1.
2.
3.

1.
2.
3.

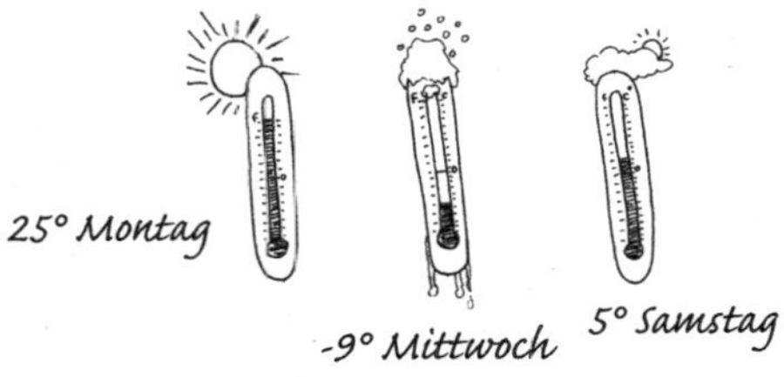

1.
2.
3.

11.1 Übung: Finde Gegensätze!

heiß	gut	hell	klug
schnell	hart	dumm	klein
trocken	schwer	schmutzig	komisch
schön	kalt	voll	traurig
interessant	dünn	groß	dunkel
leicht	teuer	fröhlich	sauer
schlecht	langsam	normal	einfach
weich	lang	süß	neu
dick	langweilig	schwierig	leer
kurz	hässlich	alt	sauber
billig	nass		

12 Ja und nein (Modalverben)

12.1 Wunsch + Verb

Möchtest du *schlafen*?

Ja, ich **möchte** *schlafen.*

Nein, ich **möchte nicht** *schlafen.*

Möchtest du telefonieren?

Ja, ich möchte telefonieren.

Nein, ich möchte nicht telefonieren.

Möchtest du tanzen?

Ja, ______________________________

Nein, ___________________________

Möchtest du essen?

Ja, ich möchte essen.

Nein, ich möchte nicht essen.

Möchtest du lesen?

Ja, ______________________________

Nein, ___________________________

12.2 Verbtabellen

	möchten	schlafen	telefonieren
ich	möchte	schlafe	telefoniere
du	möchtest	schläfst	telefonierst
er, sie, es	möchte	schläft	telefoniert
wir	möchten	schlafen	telefonieren
ihr	möchtet	schlaft	telefoniert
sie/Sie	möchten	schlafen	telefonieren

	gehen	essen	tanzen	warten	lesen
ich	gehe	esse	tanze	warte	lese
du	gehst	isst	tanzt	wartest	liest
er, sie, es	geht	isst	tanzt	wartet	liest
wir	gehen	essen	tanzen	warten	lesen
ihr	geht	esst	tanzt	wartet	lest
sie/Sie	gehen	essen	tanzen	warten	lesen

12.3 Wunsch + Verb mit Ergänzung

Möchtest du *mit Nadine tanzen*?

Ja, ich **möchte** *mit Nadine tanzen.*

Nein, ich **möchte nicht** *mit Nadine tanzen.*

Möchtest du mit Maria telefonieren?
Ja, ich möchte mit Maria telefonieren.
Nein, ich möchte nicht mit Maria telefonieren.

Möchtest du in die Stadt gehen?
Ja, ______________________________.

Nein, ______________________________.

Möchtest du mit Jon telefonieren?

Möchtest du auf Nadine warten?

Möchtest du mit David tanzen?

Möchtest du auf den Bus warten?

Möchtest du in die Stadt gehen?

Möchtest du nach Hause gehen?

Möchtest du zum Bus gehen?

Möchtest du ins Kino gehen?

Möchtest du mit Silke telefonieren?

12.4 Wunsch + Nomen

Möchtest du **einen** Regenschirm (haben)?
Ja, ich möchte **einen** Regenschirm (haben).
Nein, ich möchte **keinen** Regenschirm (haben).

Das Wort haben kann weggelassen werden

Möchtest du **eine** Tasse Tee (haben)?
Ja, ich möchte **eine** Tasse Tee (haben).
Nein, ich möchte **keine** Tasse Tee (haben).

Möchtest du **ein** Fahrrad (haben)?
Ja, ich möchte **ein** Fahrrad (haben).
Nein, ich möchte **kein** Fahrrad (haben).

möchten: (Akkusativ!)

den	einen	keinen
die	eine	keine
das	ein	kein
Plural: die		keine

auch in Verbindung mit:
etwas haben,
etwas kaufen,
etwas sehen,
etwas brauchen,
etwas bekommen,
etwas schenken

1) Möchtest du ein Buch?
Ja, ______________________.
Nein, ______________________.

2) Möchtest du eine Banane?
Ja, ______________________.
Nein, ______________________.

3) Möchtest du ein Glas Wasser?
Ja, ______________________.
Nein, ______________________.

4) Möchtest du einen Stift?
Ja, ______________________.
Nein, ______________________.

12.5 Dialog

❖ Hallo! Wie geht's?
◆ Mir geht es gut, danke.
❖ Möchtest du eine Tasse Tee? = Möchtest du eine Tasse Tee haben?
Ja, ich ______________________.
❖ Wartest du auf den Bus?
Nein, ______________________, ich gehe zu Fuß.

◆ Möchtest du eine Tasse Kaffee?
❖ Ja, ich möchte eine Tasse Kaffee.

mit Milch und Zucker.
ohne Milch und Zucker.
mit Milch, aber ohne Zucker.
mit Zucker, aber ohne Milch.
ohne alles.

Möchtest du eine Tasse Tee?
Möchtest du eine Tasse Kaffee?
Möchtest du einen Stift?
Möchtest du einen Hund?

Möchtest du ein Fahrrad?
Möchtest du eine Banane?
Möchtest du ein Buch?
Möchtest du ein Glas Wasser?

12.6 Andere Varianten (müssen, können, sollen, dürfen, wollen, brauchen)

	müssen	können	sollen	dürfen	wollen	brauchen
ich	muss	kann	soll	darf	will	brauche
du	musst	kannst	sollst	darfst	willst	brauchst
er, sie, es	muss	kann	soll	darf	will	braucht
wir	müssen	können	sollen	dürfen	wollen	brauchen
ihr	müsst	könnt	sollt	dürft	wollt	braucht
sie/Sie	müssen	können	sollen	dürfen	wollen	brauchen

12.7 Varianten

Musst du gehen?

Ja, ich muss gehen. Nein, ich muss nicht gehen.

Kannst du tanzen?

Ja, ich kann tanzen. Nein, ich kann nicht tanzen.

Sollst du zur Ausländerbehörde kommen?

Ja, ich soll zur Ausländerbehörde kommen. Nein, ich soll nicht zur Ausländerbehörde kommen.

Brauchst du Hilfe?

Ja, ich brauche Hilfe. Nein, ich brauche keine Hilfe.

Bilde eigene Sätze!

13 Zahlen

0	null
1	eins
2	zwei
3	drei
4	vier
5	fünf
6	sechs
7	sieben
8	acht
9	neun
10	zehn
11	elf
12	zwölf
13	drei**zehn**
14	vier**zehn**
15	fünf**zehn**
16	sech**zehn**
17	sieb**zehn**
18	acht**zehn**
19	neun**zehn**

20	zwanzig
21	ein*und*zwanzig
22	zwei*und*zwanzig
30	dreißig
31	einunddreißig
40	vierzig
41	einundvierzig
50	fünfzig
51	einundfünfzig
60	sechzig
70	siebzig
80	achtzig
90	neunzig
100	(ein)hundert
200	zweihundert
300	dreihundert

1000	(ein)tausend
2000	zweitausend
10.000	zehntausend
100.000	(ein)hunderttausend
1.000.000	eine Million

105	(ein)hundertfünf
112	(ein)hundertzwölf
230	zweihundertdreißig
555	fünfhundertfünfundfünfzig
1301	eintausenddreihundert(und)eins
315	dreihundertfünfzehn
23.000	dreiundzwanzigtausend

23		36	
57		11	
101		479	
14		222	
1005		5360	
36		1700	
77		72	

Übung: Schreibe die Seitenzahlen dazu!

13.1 Übung

eins
neun
zehn
zwei
fünf
vierzehn
siebzehn
vier
sieben
sechsunddreißig
vierundzwanzig
achtzehn
drei
zweiundzwanzig
fünfzehn
sechs
acht
zwanzig
dreißig
zwölf
neununddreißig
sechsundfünfzig
neunzehn
vierunddreißig
zweiundsiebzig

einunddreißig
elf
fünfundzwanzig
fünfunddreißig
einundzwanzig
sechzehn
dreizehn
achtundneunzig
vierundvierzig
fünfundachtzig
achtundzwanzig
dreiundsechzig
einundvierzig
dreiunddreißig
vierundneunzig
siebenundvierzig
neunundfünfzig
siebenundzwanzig
dreiundsechzig
siebenundachzig
sechsundsiebzig
vierzig

13.2 Zahlen-BINGO!

Für die Zahlen 0 – 30

Für die Zahlen 30 – 60

13.3 Telefonnummern

❖ Hallo Maria! Kannst du mir bitte deine Telefonnummer geben?
◆ Ja, gerne: 4-3-9-9-5-8

vier - drei - neun - neun - fünf - acht

❖ Hallo Tom! Kannst du mir bitte deine Telefonnummer geben?
◆ Ja, gerne: 1-5-3-7-8-2-4-9

❖ Hallo Jane! Kannst du mir bitte deine Telefonnummer geben?
◆ Ja, gerne: 0-4-0 5-2-8-9-4-6-3

❖ Hallo Seka! Kannst du mir bitte deine Telefonnummer geben?
◆ Ja, gerne: 0-0-3-8 7-8-5-1-1-3-2-8

Telefonnummern: 110 Notruf 112 Feuerwehr/Notfallambulanz 110 Polizei/Krankenwagen

14 Die Uhrzeit

Wie spät ist es ?
Es ist vier Uhr.

Wieviel Uhr ist es?
Es ist Viertel nach vier.

Wieviel Uhr ist es?
Es ist halb fünf.

Wie spät ist es?
Es ist Viertel vor fünf.

Umgangssprachliche Uhrzeiten

vier Uhr

fünf (Minuten) nach vier

Viertel nach vier

Fünf (Minuten) vor halb fünf

halb fünf

fünf (Minuten) nach halb fünf

Viertel vor fünf

zwei vor fünf/kurz vor fünf

Offizielle Uhrzeiten

04:00	vier Uhr
16:00	sechzehn Uhr
04:05	vier Uhr fünf
16:05	sechzehn Uhr fünf
04:15	vier Uhr fünfzehn
16:15	sechzehn Uhr fünfzehn
04:25	vier Uhr fünfundzwanzig
16:25	sechzehn Uhr fünfundzwanzig
04:30	vier Uhr dreißig
16:30	sechzehn Uhr dreißig
04:35	vier Uhr fünfunddreißig
16:35	sechzehn Uhr fünfunddreißig
04:45	vier Uhr fünfundvierzig
16:45	sechzehn Uhr fünfundvierzig
04:58	vier Uhr achtundfünfzig
16:58	sechzehn Uhr achtundfünfzig

Anmerkung: In einigen Gebieten werden die umgangssprachlichen Uhrzeiten auch anders benannt. Z.B. dreiviertel fünf, viertel sechs usw. Wie ist es bei Ihnen?

14.1 Übung

❖ Entschuldigung, **wie spät ist es bitte**?
◆ Es ist vier Uhr.
❖ Danke.

❖ Entschuldigung, **wieviel Uhr ist es bitte**?
◆ Es ist zwölf Uhr.
❖ Vielen Dank

❖ Entschuldigung, wie spät ist es bitte?
◆ Es ist ____________________ Uhr.
❖ Danke.

❖ Entschuldigung, wie spät ist es bitte?
◆ ____________________
❖ ____________________

____
❖ ____________________
◆ ____________________
❖ ____________________

____
❖ ____________________
◆ ____________________
❖ ____________________

____
❖ ____________________
◆ ____________________
❖ ____________________

____
❖ ____________________
◆ ____________________
❖ ____________________

14.2 Wieviel Uhr ist es? Es ist ....

8:15	a) Viertel nach acht.	☐	19:59	a) neunzehn nach acht	☐
	b) Viertel vor acht.	☐		b) kurz vor acht	☐
	c) fünfzehn Uhr acht.	☐		c) zehn vor sieben	☐
15:30	a) halb drei	☐	22:35	a) fünf nach halb zehn	☐
	b) halb vier	☐		b) fünf nach halb elf	☐
	c) vierzehn Uhr dreißig	☐		c) fünf vor halb zwölf	☐
5:45	a) Viertel vor sechs	☐	15:20	a) fünfzehn Uhr dreißig	☐
	b) Viertel vor fünf	☐		b) zwanzig Uhr fünfzehn	☐
	c) Viertel nach fünf	☐		c) fünfzehn Uhr zwanzig	☐
8:54	a) sechs vor acht	☐	24:00	a) Mittag	☐
	b) sechs nach acht	☐		b) Mitternacht	☐
	c) sechs vor neun	☐		c) Geisterstunde	☐

4:30	**2:10**	**9:00**	**13:25**	**12:45**	**6:08**	**20:35**	**22:01**	**2:23**	**11:15**
12:00	**7:30**	**14:50**	**21:15**	**00:54**	**17:30**	**18:43**	**19:35**	**20:25**	**5:00**

Es ist... ____________________

1) Wann fahren wir in die Stadt? (17:25) 1) ____________________
2) Wann geht es weiter? (12:09) 2) ____________________
3) Wann treffen wir uns? (10:55) 3) ____________________
4) Wie lange bleiben wir in der Stadt? (09:45) 4) ____________________

15 Arztbesuch

15.1 Der Körper

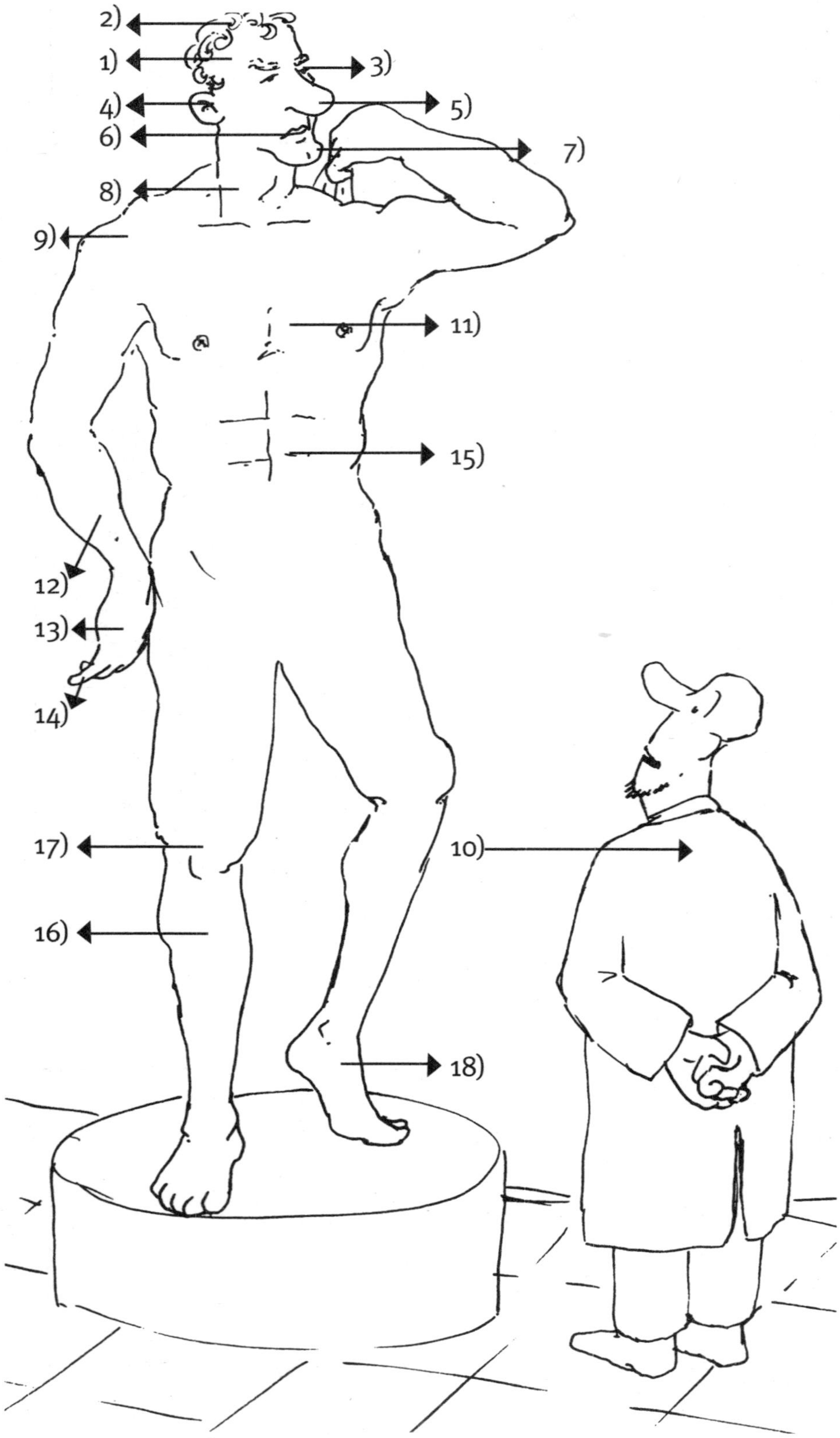

1) der Kopf ________
2) die Haare ________
3) das Auge / die Augen ________
4) das Ohr / die Ohren ________
5) die Nase ________
6) der Mund ________
7) das Kinn ________
8) der Hals ________
9) die Schulter / die Schultern ________
10) der Rücken ________
11) die Brust ________
12) der Arm / die Arme ________
13) die Hand / die Hände ________
14) der Finger / die Finger ________
15) der Bauch ________
16) das Bein / die Beine ________
17) das Knie / die Knie ________
18) der Fuß / die Füße ________

Innere Organe

a) die Lunge ________
b) der Magen ________
c) die Niere ________
d) die Leber ________
e) der Darm ________
f) das Herz ________

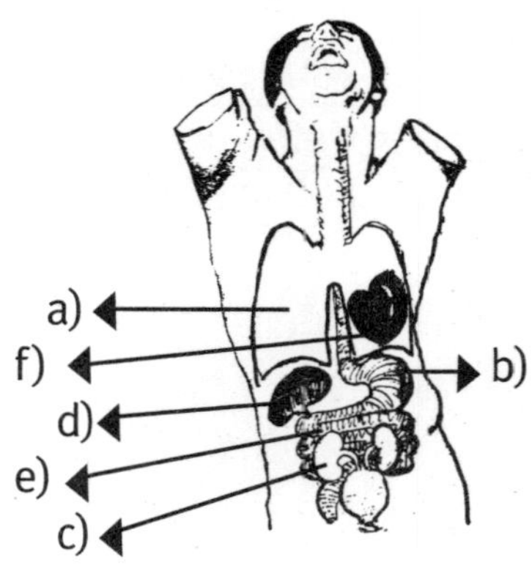

15.2 Vokabeln rund um den Arztbesuch

der Arzt / die Ärztin
der Hausarzt / die Hausärztin
der Hals-Nasen-Ohren-Arzt (HNO-Arzt) / die HNO-Ärztin
der Urologe / die Urologin
der Frauenarzt / die Frauenärztin
der Hautarzt / die Hautärztin
der Zahnarzt / die Zahnärztin
der Notarzt ⇨ das Krankenhaus
Ich möchte einen Termin bei einem Hautarzt. (-bei einer Hautärztin)
Ich möchte einen Termin bei einem HNO-Arzt. (-bei einer HNO-Ärztin)

15.3 Dialog

❖ Guten Tag!
◆ Guten Tag! Was fehlt Ihnen?
❖ Ich habe | Kopf**schmerzen**.
Bauchschmerzen.
Ohrenschmerzen.
Halsschmerzen.
Fieber.
◆ Ich gebe Ihnen Halstabletten.
Bitte nehmen Sie drei Tabletten am Tag.

Das Medikament

die Tablette
die Salbe
die Tropfen
der Hustensaft
das Zäpfchen
die Spritze

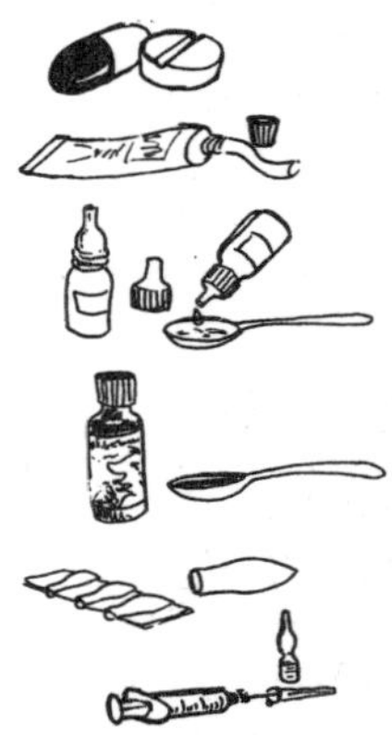

❖ Guten Tag!
◆ Guten Tag! Wie geht es Ihnen?
❖ Mir geht es nicht gut. Mein Rücken **tut weh.**
◆ Wie lange haben Sie schon Rückenschmerzen?
❖ Seit drei Tagen.
◆ Wo tut der Rücken weh?
❖ Hier oben.

Was fehlt Ihnen?
- Ich habe ....
- Mein/e .... tut weh.
- Ich kann nicht mehr schlafen (laufen, den Arm bewegen...)

15.4 Übung

❏ Ich habe ____________. Ich möchte zum Hausarzt.

❏ Ich habe ____________. Ich möchte zum ____________.

❏ Ich ____________. Ich ____________.

❏ ________________________.

16 Wegbeschreibung

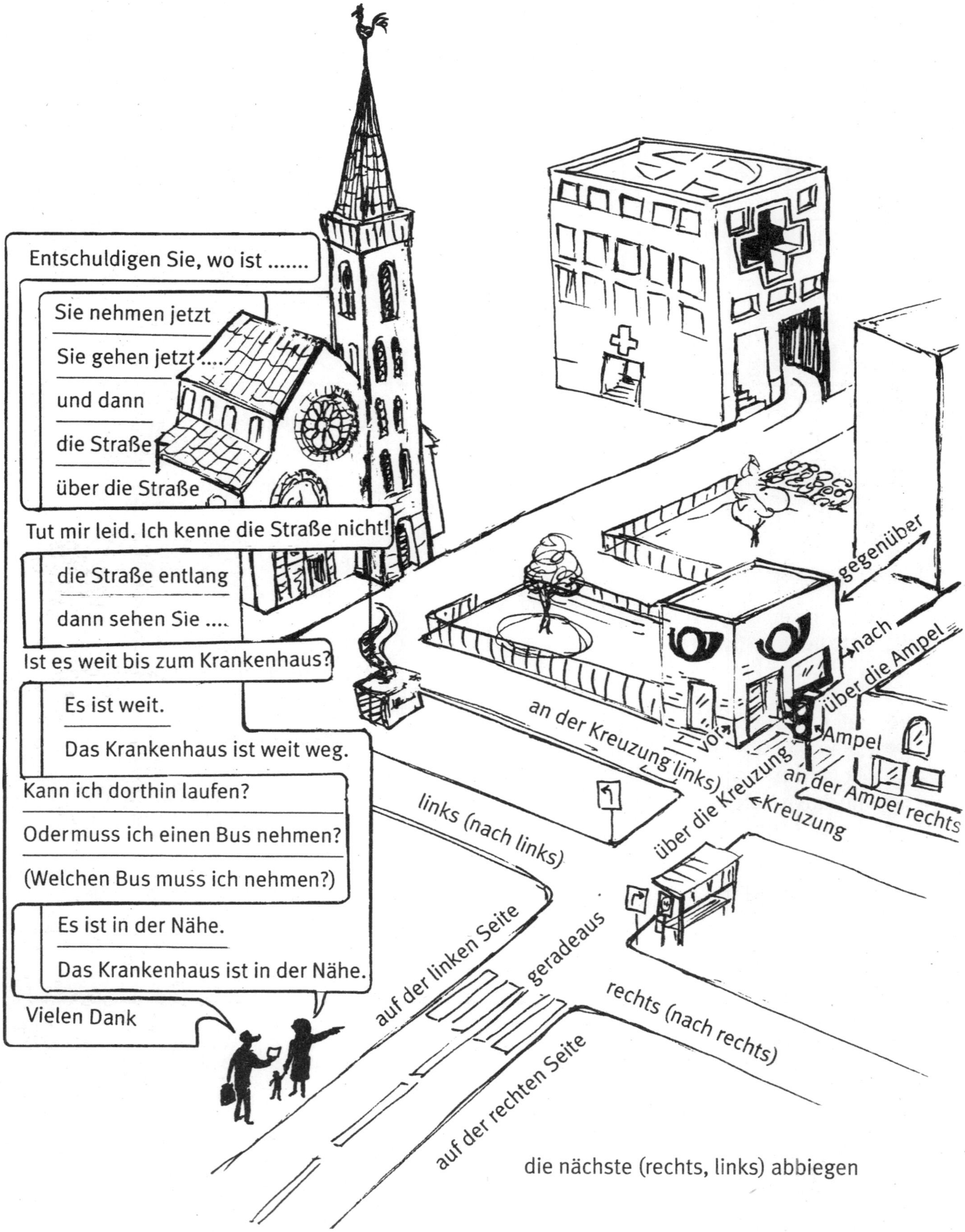

Der Stadtplan

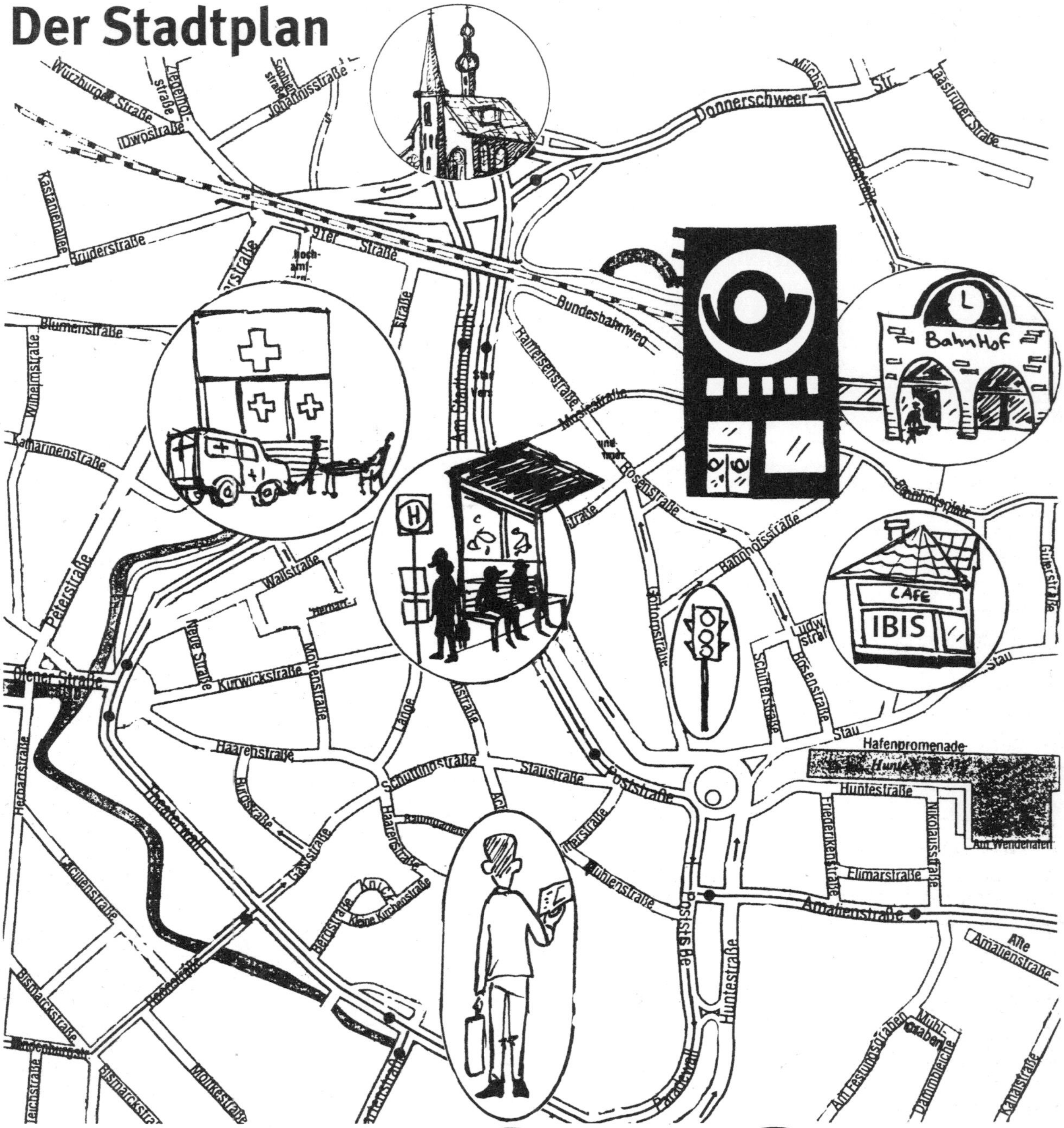

nach rechts 

geradeaus

nach links 

Über die Kreuzung 

An der Kreuzung | rechts / links / geradeaus

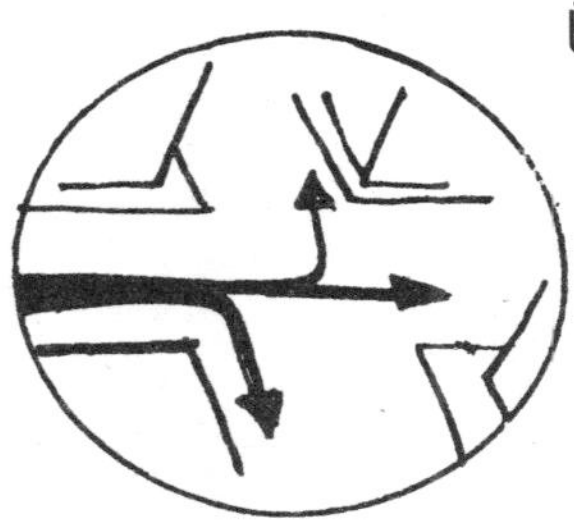

An der Ampel | rechts / links / geradeaus

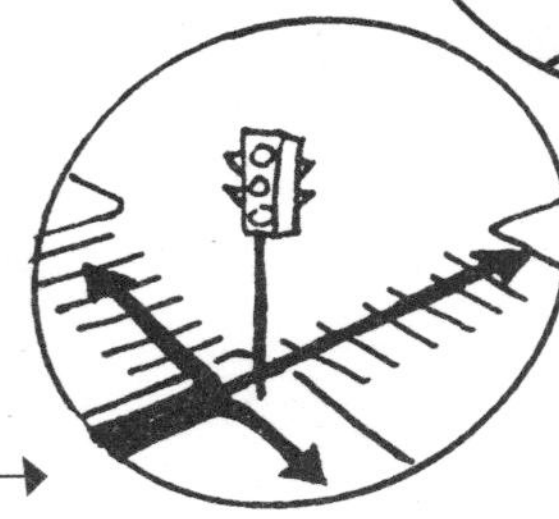

16.1 Wo ist ... ?

der Bahnhof
das Krankenhaus
die Post
die Innenstadt (City, Zentrum)
das Restaurant
die Kneipe
die Disco
das Kino
die Bank
die Universität
die Beratungsstelle
die Bushaltestelle
die Ausländerbehörde

das Sozialamt
die Kirche
die Moschee
die Polizei
der Rechtsanwalt
die Rechtsanwältin
der Arzt
die Ärztin

16.2 Dialoge

❖ Entschuldigen Sie! Wo ist der Bahnhof?

◆ Sie gehen jetzt **die Straße entlang** und dann **die nächste links**. Dann gehen Sie **über die Kreuzung** und an der **nächsten Ampel nach links**.

❖ Aha! Vielen Dank!

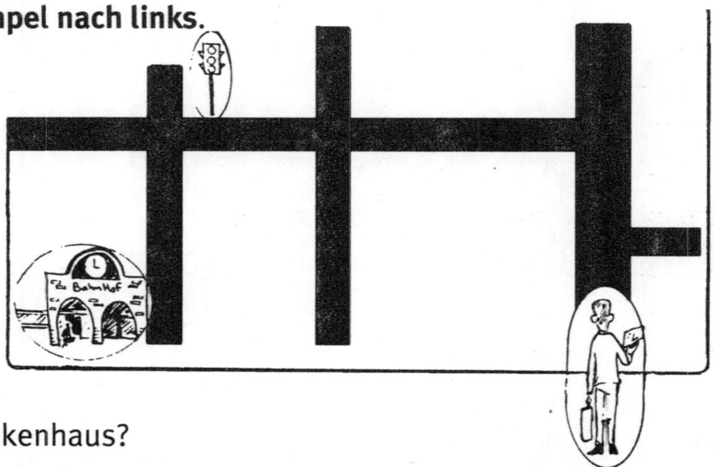

❖ Entschuldigen Sie! Wo ist das Krankenhaus?

◆ Sie gehen jetzt **die nächste Straße nach rechts** und dann **über die Ampel**. Dann gehen Sie **nach links** und **an der Kreuzung rechts bis** zur Kirche. Dann sehen Sie das Krankenhaus.

❖ Vielen Dank!

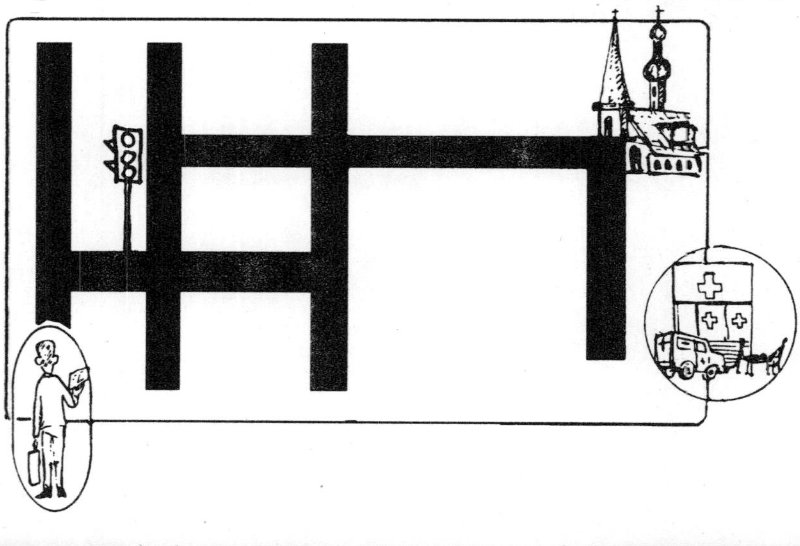

❖ Entschuldigen Sie! Wo ist die Post?

◆ Sie gehen jetzt die nächste ____________________ und dann ____________ die Kreuzung. Dann ____________________.
Dann sehen sie die Post!

❖ Vielen ________!

16.3 Übung

Der Stadtplan

1. Wo ist der Bahnhof?

____

____

____

____

2. Wo ist das Krankenhaus?

____

____

____

____

❖ Entschuldigen Sie! Wo ist ____________________?

◆ Sie gehen die nächste Straße links
und über die nächste Kreuzung.
Dann gehen Sie immer geradeaus,
Sie gehen an einer Kirche vorbei.
Dann nehmen Sie die nächste Straße links.
Und schon sind Sie da!

❖ Vielen Dank!

❖ Entschuldigen Sie! Wo ist ________________?

◆ Sie gehen die nächste Straße links
und dann gehen Sie über die Kreuzung.
Dann sehen Sie .... auf der rechten Seite.

❖ Vielen Dank!

17 Das Telefon

17.1 Die Verben „möchten“, „telefonieren“ und „anrufen“

	möcht-en	telefonier-en	anruf-en
ich	möcht-e	telefonier-e	ruf-e an
du	möcht-est	telefonier-st	ruf-st an
er, sie, es	möcht-e	telefonier-t	ruf-t an
wir	möcht-en	telefonier-en	ruf-en an
ihr	möcht-et	telefonier-t	ruf-t an
sie/Sie	möcht-en	telefonier-en	ruf-en an

Genauso: chatt-en, mail-en, surf-en, send-en, bekomm-en, schick-en

2. Text

Helene möchte telefonieren.
Sie sucht eine Telefonzelle.

Ama möchte telefonieren.
Sie hat ein Handy.
Sie bekommt eine SIM-Karte.
Ama telefoniert mit ihrer Freundin.
Die Freundin möchte am Abend mit Ama im Internet chatten.

Mario möchte telefonieren.
Er hat Kleingeld.
Mario telefoniert mit seinen Rechtsanwalt.

Mario möchte einen Brief schicken.

Er mailt den Brief an den Rechtsanwalt mit seinem Computer.
Mario surft im Internet und findet die Adresse.

17.2 Exkurs: Das Trennverb

anrufen

Satz:
Ich **rufe** meine Mutter **an.**

V e r n e i n u n g:
Ich **rufe** meine Mutter **nicht an.**

Satzfrage:
Rufst du deine Mutter **an?**

ich rufe an
du rufst an
er/sie/es ruft an
wir rufen an
ihr ruft an
sie/Sie rufen an

Genauso: einkaufen, umtauschen, aufheben, aufwachen, aussuchen, einschlafen, abfahren

17.3 Setze die fehlenden Wörter ein!

Andrea sucht eine ______________________________.

Sie hat eine ______________________________.

Sie ____________________(möchten) mit ihrer Mutter telefonieren.

Andrea ______________ bei ihrer Mutter ______________. (anrufen)

Andrea ____________________ (telefonieren) 5 Minuten mit ihrer Mutter.

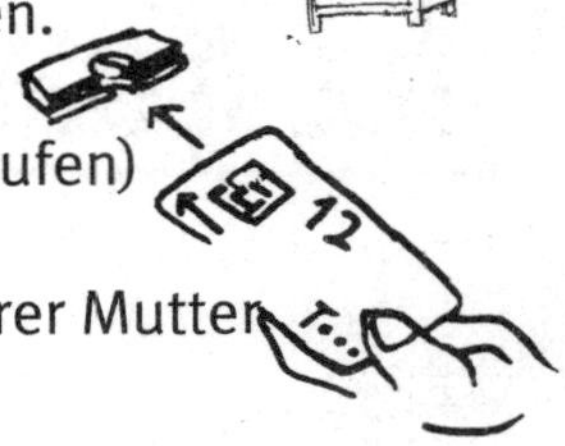

17.4 Das Telefonat

Guten Tag. Hier ist Alex.
Ich möchte bitte mit Silke sprechen.
Einen Moment bitte!
Silke ist im Moment nicht da.
Kann ich etwas ausrichten?
Sagen Sie Silke, dass ich angerufen habe!
Sagen Sie Silke, dass sie mich zurückrufen soll.
Wann kommt Silke wieder?
Silke kommt in einer Stunde wieder.
Soll Silke Sie zurückrufen?
Ich rufe zurück!
Vielen Dank. Auf Wiederhören!
Oh, Entschuldigung, da habe ich mich verwählt.
Das macht nichts.

Telefonnummern: 110 Notruf 112 Feuerwehr/Notfallambulanz 110 Polizei/Krankenwagen

17.5 Dialog

Meyer.

Guten Tag. Hier ist Silke.
Kann ich bitte mit Samuel sprechen?

Samuel ist nicht da.

Wann kommt Samuel wieder?

Heute Abend ist er wieder da.

Ja, dann rufe ich heute Abend an.

Auf Wiederhören!

Auf Wiederhören.

17.6 Schreibe einen Dialog!

❖ ______

◆ ______

❖ ______

◆ ______

❖ ______

◆ ______

❖ ______

◆ ______

❖ ______

18 Das Formular

„Füllen Sie bitte das Formular aus!"

ANTRAG

Nachname____________________________

Vorname____________________________

Straße____________________________

PLZ____________________________
(Postleitzahl)
Ort____________________________

Geburtstag____________________________

Geburtsort____________________________

Nationalität____________________________

Familienstand____________________________

ledig ____________________

verheiratet ____________________

verwitwet ____________________

geschieden ____________________

getrennt lebend ____________________

*Ort*____________________________

*Datum*____________________________

*Unterschrift*____________________________

19 Ordnungszahlen: das Datum

1 eins	1. erste
2 zwei	2. zwei**te**
3 drei	3. dritte
4 vier	4. vierte
5 fünf	5. fünfte
6 sechs	6. sechste
7 sieben	7. siebte (auch: siebente)
8 acht	8. achte
9 neun	9. ____________
10 zehn	10. ____________
11 elf	11. ____________
12 zwölf	12. ____________
13 dreizehn	13. ____________
14 vierzehn	14. ____________
15 fünfzehn	15. ____________
16 sechzehn	16. ____________
17 siebzehn	17. ____________
18 achtzehn	18. ____________
19 neunzehn	19. ____________
20 zwanzig	20. zwanzig**ste**
21 einundzwanzig	21. einundzwanzigste
22 zweiundzwanzig	22. ____________
30 dreißig	30. dreißigste
40 vierzig	40. vierzigste
50 fünfzig	50. ____________

19.1 Übung

Welches Datum ist heute?
4.5.1998 Heute ist der vierte Fünfte neunzehnhundertachtundneunzig.

Der Wievielte ist heute?
12.4.2015 Heute ist der zwölfte Vierte zweitausendfünfzehn.

Welches Datum ist heute?
3.9.2014 *Heute ist der* ______________________________

Der Wievielte ist heute? ______________________________

Der Wievielte ist morgen? ______________________________

Welches Datum ist übermorgen? ______________________________

Der Wievielte war gestern? ______________________________

Der Wievielte war vorgestern? ______________________________

Wann bist du geboren? ______________________________

20 Wochentage, Monate und Jahreszeiten

❖ Welcher Tag ist heute?
◆ Heute ist Montag.

Tage:	Montag
	Dienstag
	Mittwoch
	Donnerstag
	Freitag
Wochenende:	Samstag/Sonnabend
	Sonntag

❖ Wann hast du Geburtstag?
◆ Ich habe im Mai Geburtstag!

Monate:	Januar
	Februar
	März
	April
	Mai
	Juni
	Juli
	August
	September
	Oktober
	November
	Dezember

Die Jahreszeiten:

Frühling

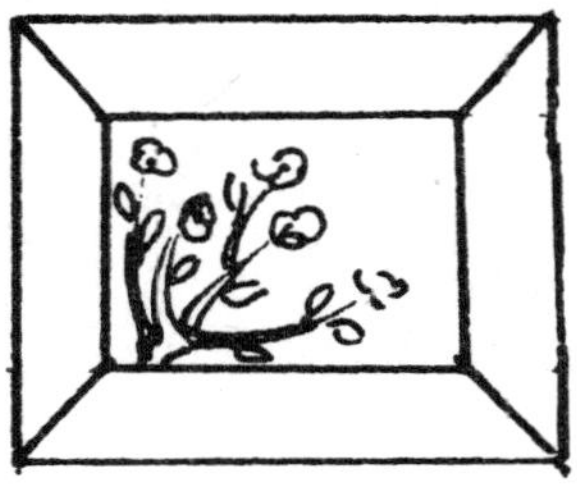

Herbst

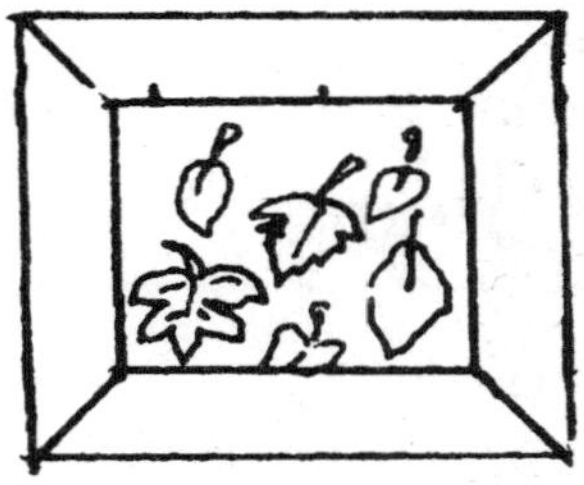

Sommer

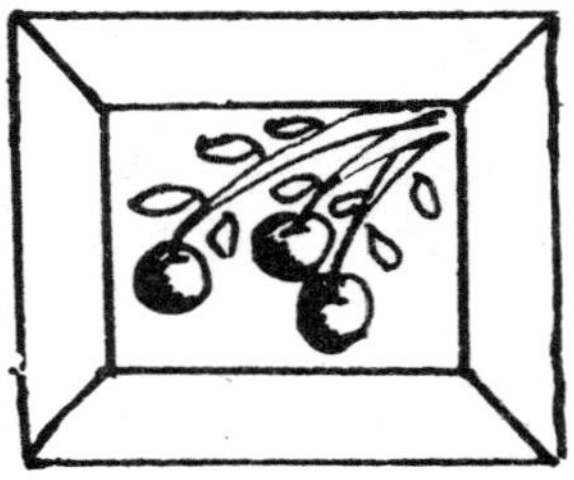

Winter

Es war eine Mutter, die hatte vier Kinder:

den Frühling, den Sommer, den Herbst und den Winter.

Der Frühling bringt Blumen,

der Sommer den Klee,

der Herbst bringt die Blätter,

der Winter den Schnee.

21 auf, unter, vor...

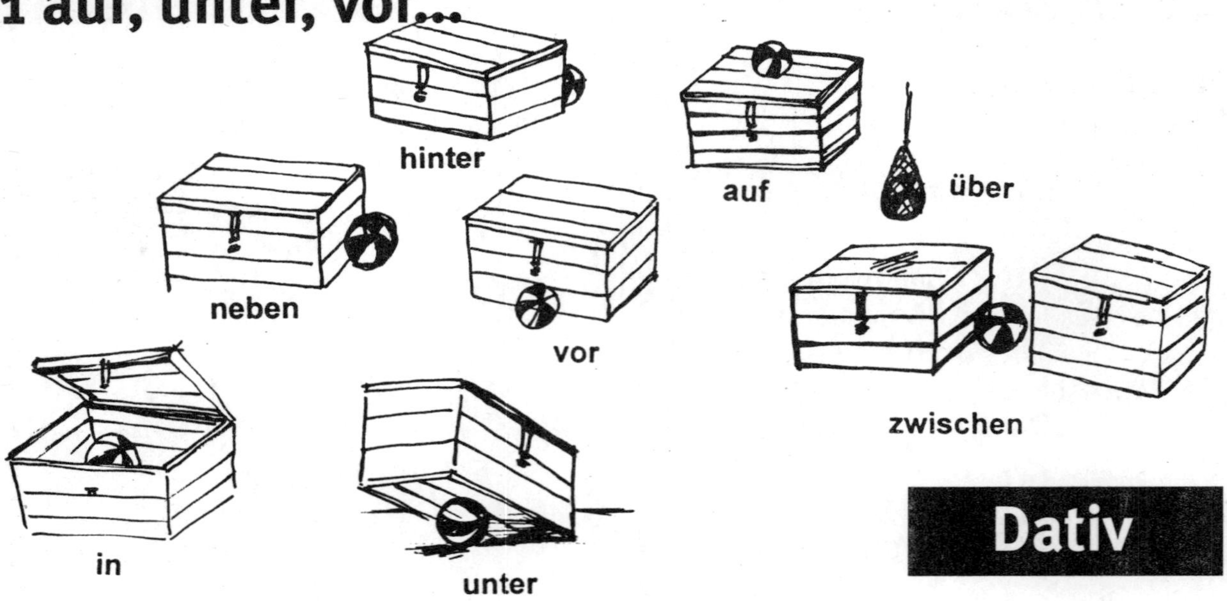

Dativ

Paula ist auf **dem** Stuhl. (**der** Stuhl)	**der**	⇨	**dem**
Paula ist auf **der** Kiste. (**die** Kiste)	**die**	⇨	**der**
Paula ist auf **dem** Auto. (**das** Auto)	**das**	⇨	**dem**
	Plural:		
Paula ist auf **den** Stühlen (**die** Stühle; Plural)	**die**	⇨	**den**

21.1 Übung

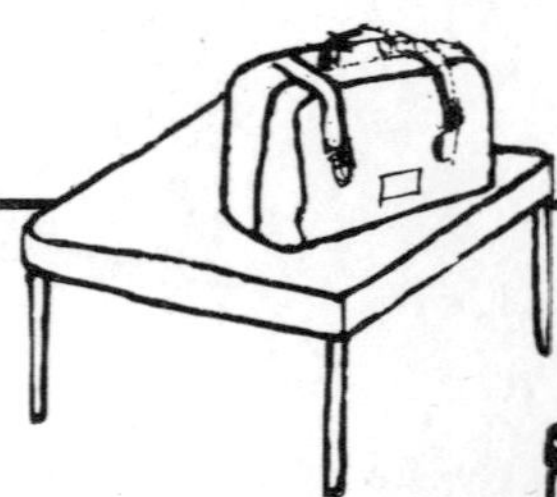

Wo ist der Koffer?
Der Koffer ist auf dem Tisch.

Wo ist der Schlüssel?
Der Schlüssel ist ______________________________

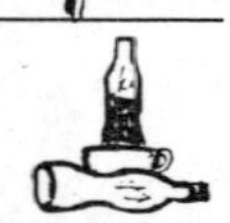

Wo ist die Tasse?

____

Wo ist das Buch?

____

Wo ist der Schuh?

____

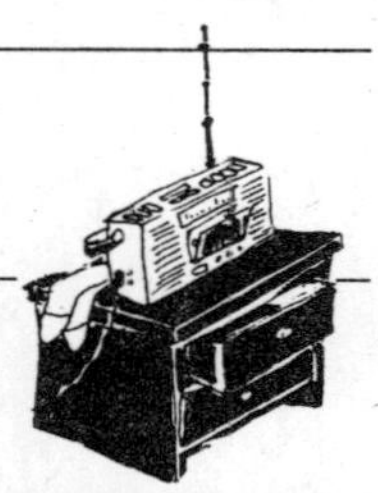

Wo ist der Hut?

____

Wo sind die Socken?

____

Wo ist der Ball?

____

22 Das Wetter

Wie ist das Wetter heute?

Die Sonne
Die Sonne scheint.
Es ist sonnig.

Der Regen
Es regnet.
(Es nieselt. Es schüttet.)

Die Wolken
Es ist wolkig.
Es ist bewölkt .
Es ist bedeckt.

Das Gewitter
Es gewittert
Es blitzt und donnert

Der Nebel
Es ist neb(e)lig.

Der Wind
Es ist windig.
(Es ist stürmisch.)

Der Schnee
Es schneit.

Heute ist es ...	*heiß*	*kühl*
	warm	*mild*
	schwül	*eiskalt*
	kalt	*ein Mistwetter*

22.1 Wie ist das Wetter?

❑ (35°) Celsius ______

❑ (-10°) Celsius ______

❑ (9°) Celsius ______

❑ (21°) Celsius ______

23 Wenn, dann

Wenn ich in die Stadt gehe, (dann) kaufe ich eine Jeans.

Wenn es regnet, (dann) bleibe ich zu Hause.

wenn	**Subjekt**	Objekt	**Verb**	**,**	**Verb**	**Subjekt**	Objekt

23.1 Übung

Wenn es regnet, ______________________________ (ich, fahren, mit dem Bus)

Wenn du Hilfe brauchst, ______________________________ (ich, helfen, dir)

______________________________, komme ich dich besuchen. (du, kochen, Kaffee)

______________________________, machen wir ein Fest. (Dunya, heiraten)

23.2 Bilde eigene Sätze!

____

____

____

***Wie heißen die Fragen zu Übung 23.2 und 23.3?** (wenn: Fragewort „wann“, weil: Fragewort „warum“)

Der Konditionalsatz

Wenn es regnet, **gehe ich nicht in die Stadt.**

Bedingung → **Konsequenz**

oder:

Ich gehe nicht in die Stadt, **wenn es regnet.**

Konsequenz → **Bedingung**

Der Kausalsatz:

Ich gehe nicht in die Stadt, **weil** es regnet.

Folge: → **Begründung:**

Weil es regnet, gehe ich nicht in die Stadt

Begründung: → **Folge:**

23.3 Übung

Wann geht Madeleine ins Schwimmbad?
Madeleine geht ins Schwimmbad. Die Sonne scheint. (wenn)
Madeleine geht ins Schwimmbad, ...

___

Warum kann Ron die Suppe nicht essen?
Ron kann die Suppe nicht essen. Die Suppe ist scharf. (weil)

___

Wann ist Diana froh?
Diana ist froh. Diana gewinnt 1000 Euro. (wenn)

___

Warum hat Paul schlechte Laune?
Paul hat schlechte Laune. Es regnet den ganzen Tag. (weil)

___

24 Reflexive Verben

	Akk.	**sich freuen**	**sich langweilen**	**sich anziehen**	**sich ärgern**
ich	**mich**	ich freue mich	ich langweile mich	ich ziehe mich an	
du	**dich**	du freust dich			
er/sie/es	**sich**	er freut sich			
wir	**uns**	wir freuen uns			
ihr	**euch**	ihr freut euch			
sie/Sie	**sich**	sie freuen sich			

24.1 Übung

Freust du dich? — Ja, ich freue mich.
Freut Lisa sich? — Ja, ________.
Freut ihr euch? — Ja, ________.
Freuen sie (pl) sich? — Ja, ________.

Langweilst du dich? — Ja, ich langweile mich.
Nein, ich langweile mich **nicht**.

Langweilt Tom sich? — Ja, ________.
Nein, ________.

Langweilt ihr euch? — Ja, ________.
Nein, ________.

Ärgerst du dich?	______________________.
	______________________.
Ziehst du dich an?	Ja, ich ziehe mich an. Nein, ich ziehe mich **nicht** an
Versteht Tom sich mit Maria?	Ja, ______________________. Nein, ______________________.
______________________?	Nein, ich langweile mich nicht.
______________________?	Ja, wir ziehen uns an.
______________________?	Nein, Maria freut sich nicht.
______________________?	Ja, er besucht dich.
______________________?	
______________________?	
______________________?	
______________________?	

Genauso: (Akkusativ)
sich duschen,
sich kämmen,
sich setzen,
sich interessieren,
sich streiten,
sich beeilen,
sich besuchen...

Bilde eigene Sätze!

25 Für wen ist das?

Für wen ist das?
Das ist für dich!

Akkusativ

ich	**mich**
du	**dich**
er	**ihn**
sie	**sie**
es	**es**
wir	**uns**
ihr	**euch**
sie	**sie**
Sie	**Sie**

Für wen ist dieser Brief?
Dieser Brief ist für den Mann.
Dieser Brief ist für die Frau.
Dieser Brief ist für das Kind.
der (m) - den - einen
die (f) - die - eine
das (n) - das - ein

Genauso:
auf jemanden warten
jemanden mögen
jemanden / etwas sehen
jemanden / etwas hören

25.1 Übung

Ich warte auf *ihn* __________ (er). Das Geschenk ist für __________ (du).
Ich mag __________ (sie). Wir warten auf __________ (ihr).

26 Wem gehört das?

Wem gehört das?
Das gehört mir!

Dativ

ich	**mir**
du	**dir**
er	**ihm**
sie	**ihr**
es	**ihm**
wir	**uns**
ihr	**euch**
sie	**ihnen**
Sie	**Ihnen**

Wem gehört die Jacke?
Die Jacke gehört dem Mann.
Die Jacke gehört der Frau.
Die Jacke gehört dem Kind.
der (m) - dem - einem
die (f) - der - einer
das (n) - dem - einem

Genauso:
jemandem zuhören
jemandem helfen
jemandem danken
jemandem antworten
jemandem etwas erzählen
jemandem vertrauen
jemandem gefallen

26.1 Übung

Die Tasche ist von ______________________ (er).

Ich höre ______________________ (du) zu.

Wir helfen ______________________ (ihr) gerne!

Ich möchte mich bei ______________________ (sie, pl.) bedanken.

Meine Schwester antwortet ______________ (ich) leider nicht.

Du erzählst ______________________ (wir) immer interessante Geschichten.

27 Das Trennverb

Genauso: aussteigen, einsteigen, abfahren, anmachen, ausziehen, zumachen, vorstellen, ankommen, umdrehen, ablehnen, annehmen

Satz Subjekt Verb (Objekt) Präfix	**Frage** Verb Subjekt (Objekt) Präfix	**Infinitiv** Präfix + Verb
❖ Ama *kauft* ***ein***.	*Kauft* Ama ***ein***?	**ein***kaufen*
❖ Der Zug *kommt* um 20 Uhr ***an***.	*Kommt* der Zug um 20 Uhr ***an***?	**an***kommen*
❖ Peter *steht* um 7 Uhr ***auf***.	*Steht* Peter um 7 Uhr ***auf***?	**auf***stehen*
❖ Der Bus *hält* ***an***.	______________________	**an**halten
❖ Gérard *macht* die Musik ***aus***.	______________________	__________
❖ ______________________	*Zieht* Tina sich ***an***?	**an***ziehen*
❖ ______________________	*Trinkt* Aiche die Tasse ***aus***?	**aus***trinken*
❖ Maria *macht* die Tür ***auf***.	______________________	__________

28 Zukunft

Futur I

Ich werde nach Bremen fahren.
Ich werde morgen kommen.
Du wirst einen Brief bekommen.

Subjekt	werden	Objekt	Infinitiv.
Lilo	wird	einen Preis	bekommen.

Magrit wird ... ... nach Hause gehen. (Ort)
... übermorgen kommen. (Zeit)
... müde sein. (Adjektiv)

sein - werden
ich werde
du wirst
er / sie / es / wird
wir werden
ihr werdet
sie werden

28.1 Setze die richtige Form ein!

Ich ________________ morgen mit dem Zug fahren.

Dunya ________________ sich ärgern.

Du ________________ das schaffen!

Maria und Leon ________________ zusammen nach Paris fahren.

Wir ________________ nicht um 10 Uhr anfangen.

Es ________________ gleich regnen.

28.2 Übung

Ich telefoniere mit meinem Onkel. *Ich werde mit meinem Onkel telefonieren.*

Du suchst eine Arbeit. ________________

Wir lernen neue Vokabeln. ________________

Ihr kommt nicht um 20:30 am Bahnhof an. ________________

Nina hat am 2.8. Geburtstag. ________________

Stellung der Zeitangabe: Lilo wird **morgen** einen Preis bekommen.
Morgen wird *Lilo* einen Preis bekommen.

28.3 Bilde Sätze!

Beispiel: (er - sehen - den Kinofilm) *Er wird den Kinofilm sehen.*
(zum Bahnhof - ich - kommen)
(übermorgen - Kathy - haben - Geburtstag)
(anrufen - in drei Tagen - wir)
(nächstes Jahr - Weltmeister - ihr - sein)
(sich ärgern - Paul)
(Glück - du - haben)

29 Die Vergangenheit

mit „haben“
Ich **habe** ein Brot **gegessen.** Du **hast** Glück **gehabt.**

mit „sein“
(Verben der Bewegung: sein + bleiben)
Ich **bin** nach Bremen **gefahren.** Ich **bin** froh **gewesen.**

29.1 Partizip II - Formen:

„Schwache“ Verben:

Infinitiv	Partizip II		
hab **en**	**ge** hab **t**	wohnen	**ge**wohn**t**
machen	**ge**mach**t**	glauben	**ge**glaub**t**

ge..........-t

kochen ____________ suchen ____________
freuen ____________ langweilen ____________
kaufen ____________ hören ____________
duschen ____________

antworten **ge**antwort**et**
arbeiten **ge**arbeit**et**
regnen ____________

ge..........-et

zuhören zugehört einkaufen eingekauft
aufmachen ____________

einschalten eingeschaltet

...ge.........-et

haben/sein + Partizip II = Perfekt

„Gemischte“ Verben:

können	gek**o**nn**t** (!)	bringen	gebr**a**ch**t** (!)
denken	ged**a**ch**t** (!)	mögen	gem**o**ch**t** (!)
antworten	**ge**antwort**et**	arbeiten	**ge**arbeit**et**
warten	**ge**wart**et**		

anbringen **angebracht**

ge............-t

...ge.........-t

Ach so!

„Starke“ Verben

ge..........en

essen	ge**g**essen (!)	helfen	ge**h**o**l**fen (!)
sprechen	gespr**o**chen (!)	bleiben	gebl**ie**ben (!)
sehen	**ge** seh **en**	waschen	**ge**wasch**en**
fahren	______________(sein!)	schlafen	______________
kommen	______________ (sein!)		
nehmen	**ge**nomm**en** (!)	sein	ge**wes**en (!) (sein!)
essen	ge**g**essen (!)	treffen	getr**o**ffen (!)
helfen	geh**o**lfen (!)	trinken	getr**u**nken (!)
sprechen	gespr**o**chen (!)	streiten	gestr**i**tten (!)
bleiben	gebl**ie**ben (!) (sein!)		
anrufen	an**ge**ruf**en**	anziehen	an**ge**zog**en** (!)

...ge.......-en

Verben auf –ieren

...............-t

telefonieren	telefonier**t**	spazieren	spazier**t**
notieren	**notiert**	**studieren**	**studiert**
demonstrieren	**demonstriert**		

Verben mit nichttrennbarer Vorsilbe

schwach

besuchen	**be**such**t**	erzählen	erzählt
beeilen	beeilt	erkennen	erkannt

gemischt

verbringen	verbracht	benennen	benannt

stark

..............en

verstehen	verst**a**nden (!)	verbieten	verboten
bekommen	**be**komm**en**	**zerschlagen**	**zerschlagen**
verschlafen	**verschlafen**		

Verben mit trennbarer Vorsilbe:

einkaufen	ein **ge** kauf **t**	zuhören	zu**ge**hör**t**
anrufen	an**ge**ruf**en**	anziehen	an**ge**zog**en** (!!)

29.2 Übung

❖ Ich habe eine Suppe gekocht.
❖ Du ______________ eine Suppe ______________________________.
❖ Sabine ____.
❖ John und ich ____.
❖ Ihr ____.
❖ Mike und Nina _______________________________________.

❖ Ich bin in die Stadt gefahren.
❖ Du ____.
❖ Der Bus ____.
❖ Wir ____.
❖ Ihr ____.
❖ Sie ____.

1. Ich ________________ heute nach Bremen ______________________________ (fahren).
2. Dort ________________ ich Jimmy ______________________________________ (treffen).
3. Wir ________________ zusammen einen Kaffee __________________________ (trinken).
4. Tina und Ben ________________ auch im Café ____________________________ (sein).
5. Tina und Ben ________________ Kuchen _________________________________ (essen).
6. Dann ________________ sie nach Hause _________________________________ (gehen).
7. Ich ________________ dann noch ein paar Sachen ____________________ (einkaufen).
8. Jimmy ________________ mit seiner Freundin __________________________ (telefonieren).
9. Dann ________________ wir in Jimmys Wohnung ______________________ (fahren) und
________________ uns eine leckere Suppe ___________________________ (kochen).
10. Nach dem Essen ________________ ich auf die S-Bahn __________________ (warten) und
________________ zurück nach Oldenburg ______________________________ (fahren).
11. Ich ________________ meinen Freunden von diesem schönen Tag in Bremen __________
________________ (erzählen).

A) Bilde eigene Sätze und schreibe eine Geschichte!

B) Schreibe die Sätze von Übung 28.1 und 28.2 ins Perfekt!

30 Wortspiele

Bahnhof, Name, Stadt, Tag, Grund, Banane, Uhr, Jahr, Buch, Geld, Tisch, Tasse, Brief, Haus, Mutter, Rechtsanwältin, Entschuldigung, Vater, Telefon, Fahrrad, Sonne, Regen, Oldenburg

C	E	B	S	J	U	L	A	Ö	I	N	G	N	U	G	I	D	L	U	H	C	S	T	N	E
D	U	G	A	D	O	P	B	R	V	D	S	G	Z	E	X	V	T	G	G	K	I	Z	C	F
W	D	D	I	H	C	O	S	D	S	O	N	N	E	U	I	V	R	I	C	R	A	F	H	M
S	A	G	H	J	N	N	E	T	J	L	O	Ä	J	K	G	U	S	F	T	B	Z	L	H	A
A	R	D	H	Z	A	H	L	Ü	X	B	F	E	I	R	B	S	G	R	U	M	S	H	I	L
P	R	D	N	T	M	D	O	E	F	U	Z	T	N	N	S	J	T	S	A	U	S	G	M	K
H	H	G	J	J	E	E	Z	F	H	M	L	E	E	T	Z	H	I	D	B	T	E	A	U	I
W	A	V	N	H	U	K	E	S	H	T	H	D	B	N	H	J	S	A	D	T	D	A	T	S
Q	F	U	U	U	F	G	S	V	D	R	L	T	A	G	P	L	C	V	R	E	S	E	M	R
F	G	I	S	Q	N	F	S	R	G	O	D	J	N	Ö	R	H	H	U	K	R	M	H	E	J
R	H	U	G	Ä	F	G	A	A	W	N	J	K	A	L	Z	U	B	M	N	H	H	G	T	J
H	E	D	J	G	O	U	T	E	L	E	F	O	N	E	G	H	N	A	Q	T	E	C	H	S
A	U	R	N	D	B	N	Z	O	Ö	D	F	H	E	K	L	V	N	D	E	N	E	F	D	A
J	R	E	C	H	T	S	A	N	W	Ä	L	T	I	N	Ö	Ö	L	A	A	S	T	K	L	L
T	T	K	S	B	G	R	Z	K	O	M	V	H	F	G	W	E	Y	X	X	L	U	F	A	A
S	F	U	I	M	B	U	C	H	S	R	B	H	I	E	G	H	S	C	H	V	A	T	E	R

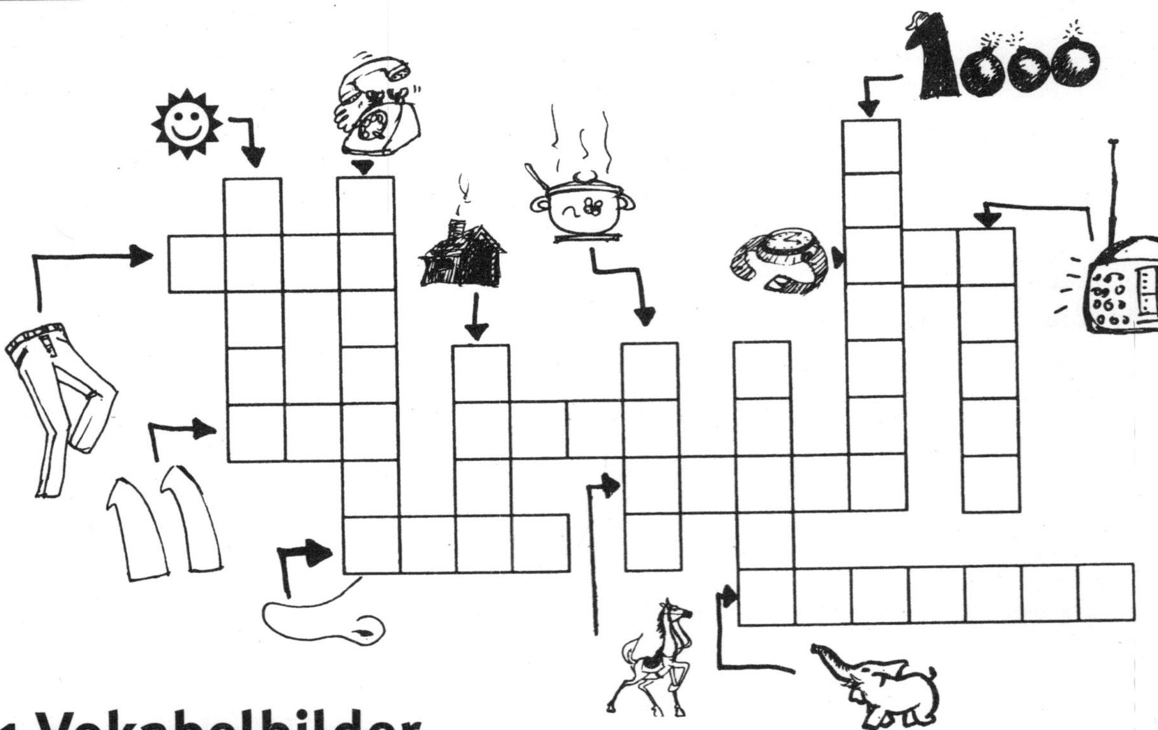

31 Vokabelbilder

Die Kleidung

1 die Jacke
2 die Hose
3 der Reißverschluss
4 die Turnschuhe (Pl)
5 das Kleid
6 die Socken (Pl)
7 die Jacke
8 die Krawatte
9 die Weste
10 die Sandalen (Pl)
11 der Rock
12 der Gürtel
13 das T-Shirt
14 die Mütze
15 der Schal
16 der Mantel
17 der Regenschirm
18 die Stiefel (Pl)
19 der Regenumhang
20 der Knopf
21 die Handschuhe (Pl)
22 der Pullover
23 das Hemd
A der Ball
B der Teddybär

Das Schlafzimmer

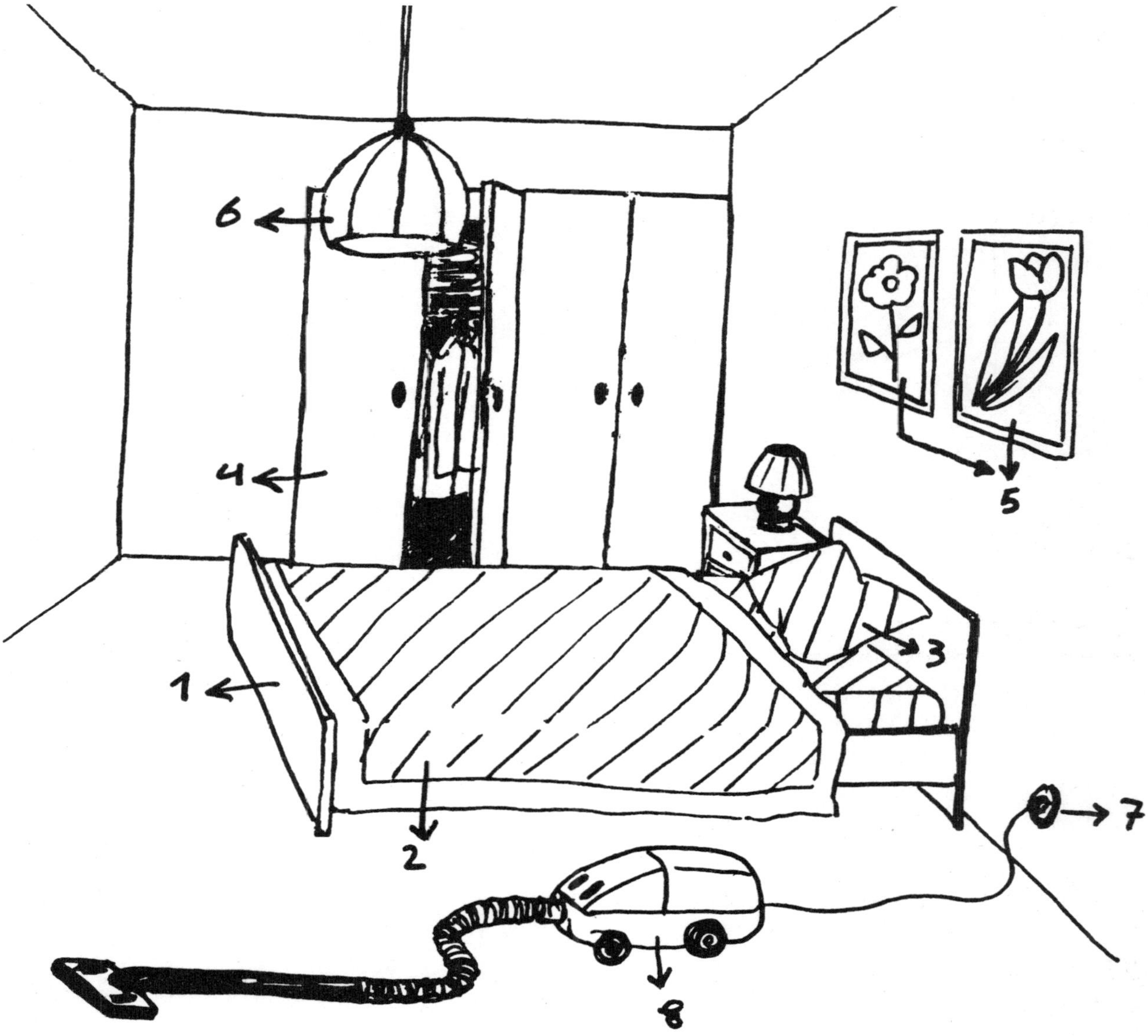

1	das Bett	5	das Bild, die Bilder (pl)
2	die Decke	6	die Lampe
3	das Kopfkissen	7	die Steckdose
4	der Kleiderschrank	8	der Staubsauger

Das Bad

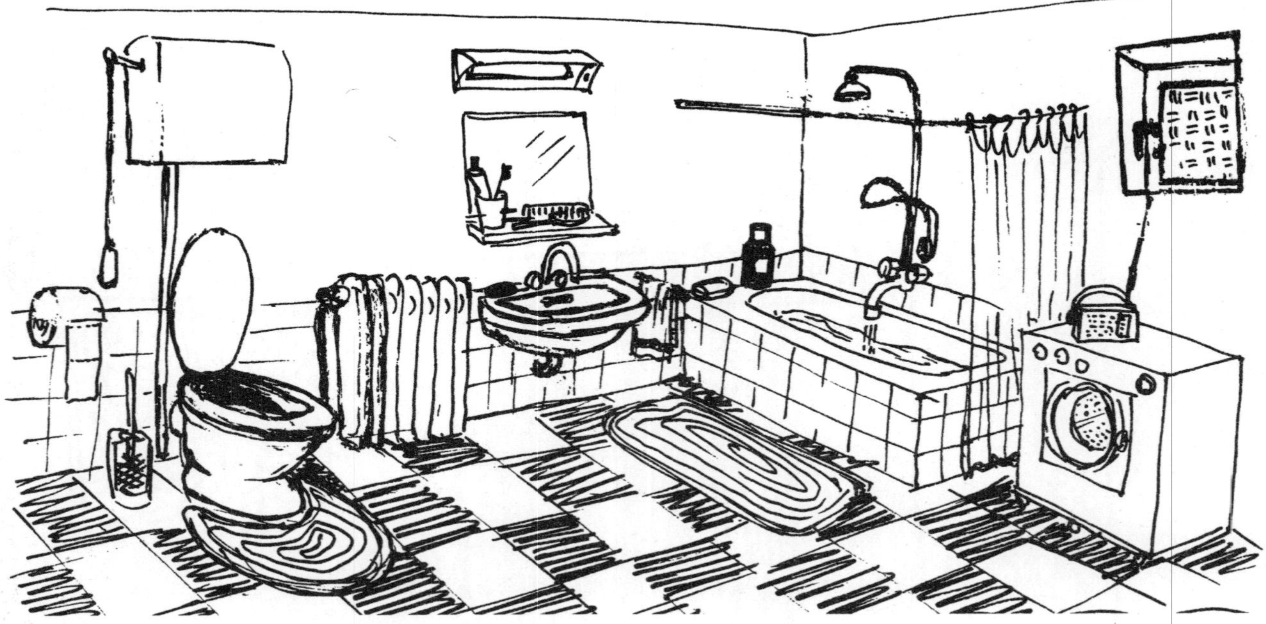

1	die Heizung	11	der Duschvorhang
2	das Waschbecken	12	Badewanne
3	die Zahnpasta	13	das Wasser
4	die Zahnbürste	14	die Dusche
5	der Spiegel	15	die Seife
6	der Wasserhahn	16	das Duschgel
7	der Kamm	17	die Toilette
8	die Bürste	18	die Spülung
9	das Radio	19	das Toilettenpapier
10	die Waschmaschine	20	das Handtuch

Das Wohnzimmer

1 die Garderobe
2 die Tür
3 die Treppe
4 die Uhr
5 die Lautsprecherbox
6 die Schublade
7 der Fernseher
8 die Stereoanlage
9 das Regal
10 das Telefon
11 das Kissen
12 das Sofa
13 der Sessel
14 der Teppich
15 der (Wohnzimmer)tisch
16 die Zeitung
17 das Buch

Die Küche

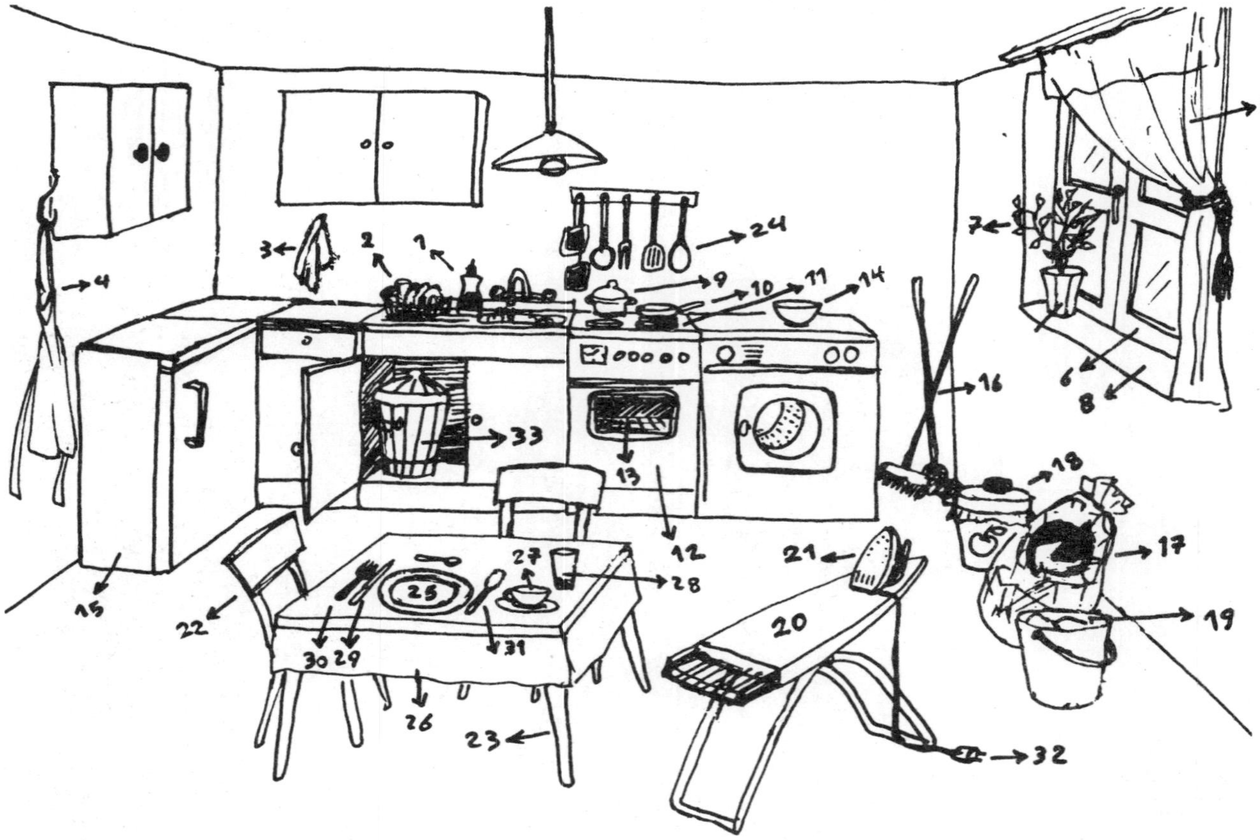

1 das Spülmittel
2 die Spüle
3 das Tuch
4 die Schürze
5 die Vorhänge (Pl)
6 das Fenster
7 die Pflanze
8 die Fensterbank
9 der Topf
10 die Pfanne
11 die Herdplatte
12 der Herd
13 der Backofen
14 die Schüssel
15 der Kühlschrank
16 der Besen
17 der gelbe Sack
18 der Biomüll
19 der Abfall
20 das Bügelbrett
21 das Bügeleisen
22 der Stuhl
23 der Tisch
24 der Kochlöffel
25 der Teller
26 die Tischdecke
27 die Tasse
28 das Glas
29 das Messer
30 die Gabel
31 der Löffel
32 der Stecker
33 der Eimer

Auf der Straße

1 der Vogel
2 die Wolken (Pl.)
3 das Flugzeug
4 die Schienen (Pl.)
5 der Zug
6 das Hochhaus
7 die Bushaltestelle
8 der Bus
9 die Straße
10 der Fluss
11 das Schiff
12 die Brücke
13 die Kirche
14 der Lastwagen
15 der Rettungswagen
16 das Schild
17 der Zebrastreifen
18 die Ampel
19 die Tankstelle
20 der Mann
21 die Katze
22 das Kind
23 der Hund
24 der Kinderwagen
25 das Baby
26 die Frau
27 das Auto
28 der Parkplatz
29 das Fahrrad
30 die Straßenlaterne
31 das Motorrad
32 der Baum
33 das Café

im Supermarkt

1	die Ananas
2	die Bananen (pl)
3	der Apfel
4	die Orangen (pl)
5	die Kirschen (pl)
6	die Karotte
7	der Lauch
8	die Pilze (pl)
9	die Zwiebeln (pl)
10	die Tomaten (pl)
11	die Kartoffeln (pl)
12	die Waage
13	die Flasche
14	die Dose
15	das Regal
16	der Fisch
17	das Fleisch
18	das Hähnchen
19	der Saft
20	die Eier (pl)
21	die Milch
22	der Käse
23	die Butter
24	das Brot
25	das Brötchen
26	der Rucksack
27	der Einkaufswagen
28	die Kasse
29	der Kassenbon
30	das Geld
31	das Portemonnaie
32	die Tasche
33	die Kassiererin (f), der Kassierer (m)
34	das Angebot
35	der Preis

32 Das Asylverfahren: wichtige Wörter

DEUTSCH	FRANÇAIS / FRANZÖSISCH	ENGLISH / ENGLISCH	TÜRKÇE / TÜRKISCH
ablehnen	rejeter / refuser	to reject	Red etmek / kabul etmemek
Ablehnung	le rejet	rejection	Red
Abschiebehaft	la détention pour la déportation	detention for deportment	Sınırdışı edilmeden önceki gözaltı süreci
abschieben	refouler, reconduire à la frontière / déporter	to deport	Sınırdışı etmek
Abschiebung	le refoulement, déportation	deportation	Sınırdışı
Abschiebungsanordung	la menace de refoulement	deportation order	Sınırdışı düzenlemesi
Abschiebungshindernis	la raison excluant le refoulement	obstacles precluding deportation	Sınırdışı edilmeyi engelleyen gerekçe
Abschiebungsschutz	protection contre le refoulement	protection against deportation	
Aktenzeichen	numéro du dossier	file reference	Dosya numarası
Altfall / Altfallregelung	ancien cas / règlement des anciens cas	old case / old case regulation	Zaman aşımı nedeniyle oturma hakkı alma durumu
anderweitige Verfolgungssicherheit	la protection d'ailleurs	protection elsewhere	Başka bir yerde baskı görmeme garantisi
Anerkennung (als Flüchtling)	la reconnaissance en tant que réfugié	recognition (as refugee)	Kabul edilme (sığınmacı olarak)
Anhörung (persönliche)	un entretien (personel), l'interview	(personal) interview, hearing	‹fade (şahsen)
Antrag stellen	faire une demande	file an application / to enter a petition	Başvuruda bulunmak / Dilekçe vermek
Asylantrag	la demande d'asile	application for asylum	Sığınma başvurusu
asylberechtigt sein	avoir le droit d'asile	to be entitled to political asylum	Başvurusu kabul edilmiş sığınmacı olmak
Asylbewerberin (f) / Asylbewerber (m)	demandeuse d'asile, le demandeur d'asile	asylum seeker	Kadın sığınmacı / erkek sığınmacı
Asylbewerberleistungsgesetz (AsylblG)	loie de l'aide sociale pour le demandeur d'asil	social welfare low for asylum seekers	‹lticacıların sosyal haklarını düzenleyen yasa
Asylverfahren	la procédure d'asile	asylum procedure	‹ltica davası / prosedürü
Asylverfahrensgesetz (AsylVfG)	la loi sur la procédure d'asile	Asylum Procedure Law	‹ltica davalarını düzenleyen yasa (AsylVfG)
Aufenthalt (illegaler -)	le séjour (illégal)	residence (illegal)	‹kametkah / Oturum (illegal-)
Aufenthaltserlaubnis	l'autorisation de séjour	residence permit	Oturum izni
Aufenthaltsgestattung	l'autorisation provisoire de séjour	preliminary residence permit	Başvuruları sonuçlanmamış sığınmacılara verilen geçici oturma izni
aufschiebende Wirkung	l'effet suspensif	suspensive effect	Erteleme gücü
Ausländerbehörde	office des étrangers	foreign office	Yabancılar dairesi
Aufenthaltsgesetz (AufenthG)	la loi des étrangers	Aliens Act	Yabancılar yasası (AuslG)
ausreisepflichtig	être obligé de quitter le territoire	to be obliged to quit the territory	Yurt dıflına çıkma zorunlulu€u
Ausweisung	l'expulsion	expulsion	Sınırdıflı edilme
Behörde (zuständige)	l'autorité (responsable)	authority (competent)	Devlet dairesi (yetkili)
Beschwerde einlegen	poser une plainte	lodge a complaint	ªikayetçi olmak
Beweis	preuve	proof	Delil
Botschaft	l'ambassade	embassy	Elçilik
Bundesamt für Migration und Flüchtlinge (BAMF)	L'Office Fédérale pour la Reconnaissance des Réfugiés Etrangers	Federal Office for the Recognition of Foreign Refugees	Sığınma baflvurularının yapıldığı ve başvuruların değerlendirildiği devlet dairesi

DEUTSCH	FRANÇAIS / FRANZÖSISCH	ENGLISH / ENGLISCH	TÜRKÇE / TÜRKISCH
Bundesverwaltungsgericht	La Cour Fédérale administrative	Federal Administration Court	Almanya yüksek idari mahkemesi
Bürgerkrieg	la guerre civile	civil war	‹çsavaş
Dolmetscherin (f) / Dolmetscher (m)	l'interprête	interpreter	Kadın tercüman / Erkek tercüman
Drittstaat (sicherer -)	le pays tièrs (d'accueil)	(safe) third country	Üçüncü bir ülke (Güvenli-)
Duldung	indulgence (la tolèrance partielle) / permis d'attente	(status) tolerance (to be tolerated temporary)	Yurt dışına çıkması gereken yabancılara verilen kısa süreli kalma izni
Eilantrag	appel urgence	hurried petition, application	Acil başvuru
Einreise (illegale -) / Ausreise	l'entrée (illégale) / la sortie du territoire	(illegal) entry / exit of the territory	Ülkeye giriş (illegal-) / Ülkeden çıkış
erkennungsdienstliche Behandlung (Foto, Fingerabdruck etc.)	Traitement d'identification (photo, emprunte des doigts)	identification treatment (photo, fingerprint)	Kimlik tespiti işlemleri (Fotoğraf, parmak-izi vs....)
Flucht	la fuite	flight, escape	Kaçış
Fluchtgründe(Vorfluchtgründe)	les raisons de la fuite (survenues/avant la fuite)	reasons ensuing (before escape)	Kaçış nedenleri (kaçış öncesi nedenler)
Flüchtling	le réfugié	refugee	Sışınmacı
Flüchtlingsorganisation	l'organisation pour les réfugiés	Refugee welfare organisation	Sışınmacılarla dayanışma kuruluşu
Flughafenverfahren	procédure d'asile à l'aereoport	airport asylum procedure	Havaalanında yapılan sışınmacı davası
Folgeantrag	la demande de réexamen, renouvellement de la demande	reapplication, new application	Ikinci defa iltica başvurusu
Folter	torture	torture	‹şkence
Frist	le délai	time limit	Müddet / süre
Gefängnis	prison	prison	Cezaevi
Gemeinschaftsunterkunft	logement commun	community accommodation	Toplu barınma -yeri-
Genfer Flüchtlingskonvention	la Convention de Genève pour les Réfugiés	Geneva Convention on Refugees	Cenevre ‹lticacılar sözleşmesi
Geschäftszeichen	le numéro de référence	reference number	Dosya işlem iflareti
Grundgesetz (GG)	La Loi Fondamentale, la Constitution	Constitution, Basic Law	Anayasa
Gutschein	bon d'achat	coupon	Sosyal yardım alan ilticacılara verilen ve para yerine geçen değerli kağıt
Herkunftsland (sicheres -)	pays d'origine (sans risques sérieux de persécution)	country of origin (safe -)	Memleket (güvenli-)
inländische Fluchtalternative	la possibilité de fuite intérieure	internal flight alternative	Memleket içi sışınma alternatifi
Kirchenasyl	asile à l'église	church asylum	Kilisede sışınma başvurusu
Klage	le recours, appel	legal action, appeal	‹tiraz davası
Kontingentflüchtling	refugié d'un contingent	contingent refugee	Kontenjan sışınmacısı
Meldepflicht	enregistrement obligatoire	compulsory registration	Kayıt yaptırma zorunluluşu
minderjähriger (unbegleiteter) Flüchtling	le réfugié mineur (non accompagné)	(unaccompanied) minor refugee	Refakatçisi olmadan gelen ve reşit olmayan ilticacı
mündliche Verhandlung	entretien oral	oral hearing	Sözlü ifade

DEUTSCH	FRANÇAIS / FRANZÖSISCH	ENGLISH / ENGLISCH	TÜRKÇE / TÜRKISCH
Nachfluchtgründe	raisons après la fuite (les raisons de persécution survenues après la fuite)	reasons ensuring after flight	Kaçıfl sonrası gerekçeler
Oberverwaltungsgericht	la haute cour d'appel administrative	High Administration Court	Yüksek idari mahkeme
offensichtlich unbegründet	manifestement non fondé	obviously unfounded	Hiçbir gerekçesi olmayan
Paßersatzpapiere	papiers du remplacement du passport	Passportreplacemnet papers	Pasaport yerine geçen kaşıt
Protokoll	le protocole	record	Protokol / tutanak
Ratenzahlung	paiement par acompte	payment by instalments	Taksitli ödeme
Rechtsanwältin (f) / Rechtsanwalt (m)	l'avocate, l'avocat	lawyer	Kadın avukat / erkek avukat
Rechtsbehelf einlegen gegen eine Entscheidung	faire appel, faire recours contre une decision	to appeal against a decision	Bir karara hukuki yollarda itirat etmek
Reisedokumente	documents de voyage	travelling documents	Seyahat belgeleri
Religionszugehörigkeit	l'appartenance réligieuse	religious affiliation	Dini inancı
Richterin (f) / Richter (m)	juge	judge	Kadın hakim / erkek hakim
Rücknahmeübereinkommen	l'accord de réadmission	readmission agreement	‹ade anlaşması
Sozialamt	assistance sociale	social welfare office	Sosyal yardımlaşma dairesi
Staatsangehörigkeit	la nationalité	nationality	Uyruk
Termin	rendez-vous	appointment	Randevu
Übersetzung	traduction	translation	Tercüme / Çeviri
UNHCR	HCR, Haut Comissariat des Nations Unies pour les réfugiés	United Nations High Commissioner for Refugees	Birleşmiş Milletler ilticacılar komisyonu
Verfolgung	la persécution	persecution	Takip
a) politische	a) politique	a) political persecution	a) siyasi
b) strafrechtliche	b) sous forme de poursuite judicaire	b) criminal persecution	b) cezai hukuka tabi
c) staatliche	c) par l'Etat	c) persecution by state entities	c) devletçe
d) durch Dritte / mittelbare	d) par personnes tiers	d) persecution by nonstate entities	d) üçüncü şahıslar / Dolaylı
Verfolgungsgründe	les motifs de la persécution	reasons for escape	Takip nedenleri
Verhaftung	arrestation	arrest	Tutuklanma
verlängern	prolonger / renouveler	extend / prolong	Uzatmak
Verwaltungsgericht	le tribunal administratif	Administrative Court	‹dari mahkeme
Visum	visa	visa	Vise
Wohlfahrtsverband	l'association sociale	charitable institution	Sosyal yardımlaşma birlişi
Zentrale Anlaufstelle für Asylbewerberinnen und Asylbewerber (ZAST)	Centre d'admission des demandeurs d'asiles	central centre of reception for asylum seekers	Sığınmacıların, sürekli kalacakları ikametgahları belirleninceye kadar barınmak zorun oldukları kamp
Zeuge	temoin	witness	Şahit

DEUTSCH	KURMANCÎ /KURDISCH
Ablehnen	Redkirin
Ablehnung	Red
Abschiebehaft	Ciyê lê tê raçavkirin, binçavkirin ji bo paşveşandinê
Abschieben	Şûnda (şûnva) şandin, paşda (paşva) şandin
Abschiebung	Şûnda (şûnva) şandin, paşda (şûnva) şandin
Abschiebungsanordnung	Birevebirnameya (nîzama) paşdaşandinê
Abschiebungshindernis	Astenga paşdaşandinê
Abschiebungsschutz	Stara li hember paşdaşandinê
Aktenzeichen	Hejmara dokûmêntê/belgeyê)
Altfall / Altfallregelung	Halê, bûyerê berê /birevebiriya bûyerê ya berê
anderweitige Verfolgungssicherheit	Peydakirina rêyên çareseriyê yê din
Anerkennung (als Flüchtling)	Qebûlkirina penaberiyê
Anhörung (persönliche)	Îfada penaber ya şexsî
Antrag stellen	Dayina daxwaznameyê
Asylantrag	Daxwaznameya penaberiyê
asylberechtigt sein	Mafdar bûyîna penaberiyê
Asylbewerberin (f) / Asylbewerber (m)	Penaber
Asylbewerberleistungsgesetz (AsylblG)	Qanûna alîkarya aborî bo penabera
Asylverfahren	Pêvajoya penaberiyê
Asylverfahrensgesetz (AsylVfG)	Qanûna pêvajoya penaberiyê
Aufenthalt (illegaler -)	Mayîna bi dizî ya bê îzin
Aufenthaltserlaubnis	Mafê mayînê (rûniştandinê)
Aufenthaltsgesetz (AufenthG)	Qanûna mafê mayînê (rûniştandinê)
Aufenthaltsgestattung	Îzina mafê rûniştandinê
aufschiebende Wirkung	Tesîra li ser paşveşandinê
Ausländerbehörde	Daîreya derwelatiyan
Ausreisepflichtig	Mecbûriya ji welêt derketin
Ausweisung	Paşdaşandin
Behörde (zuständige)	Daîreya berpirsiyar
Beschwerde einlegen	Şikayatkirin, gilîkirin
Beweis	Isbat
Botschaft	Baylozxane
Bundesamt für Migration und Flüchtlinge BAMF	Daîra Federalî ya ji bo karê penaberiyê û koçberan
Bundesverwaltungsgericht	Mehkema Fêdêral ya îdarî
Bürgerkrieg	Şerê nav hevwelatiyan
Dolmetscherin (f) / Dolmetscher (m)	Wergervan
Drittstaat (sicherer -)	Welatê navîn- welatê sisiya
Duldung	Sebirkirin
Eilantrag	Erza (daxweaza) lez, ya ecele
Einreise (illegale -) / Ausreise	Hatin (çûyîna) bi rêya dizî
erkennungsdienstliche Behandlung	?Muameleya servîsa lêgerînê
(Foto, Fingerabdruck etc.)	Wêne,Dewsa tiliyan û hwd.
Erstaufnahmeeinrichtung für Flüchtlinge	Dezgeha yekem xwe ligirtinê ji bo koçberan
Flucht	Rev
Fluchtgründe(Vorfluchtgründe)	Sebebên revê (sebebên berê revê)
Flüchtling	Penaber, koçber

DEUTSCH	KURMANCÎ /KURDISCH
Flüchtlingsorganisation	Saziya/Organîzasyona penabera
Flughafenverfahren	Prosesa teqîba balafirxanê
Folgeantrag	Berbirbûna bi sirê
Folter	Îşkence
Frist	Wade
Gefängnis	Hebs/Girtîgeh
Gemeinschaftsunterkunft	ciyê bi hev re bi komî tê mayînê
Genfer Flüchtlingskonvention------?	Lihevhatina li ser penaberiyê ya Genfer
Geschäftszeichen	îşareya ciyê kar
Grundgesetz (GG)	Qanûna bingehin
Gutschein	Belgeya bi qîmete pereyî
Herkunftsland (sicheres -)	Welatê ku jê hatî (ewle)
inländische Fluchtalternative/Kirchenasyl	derfeta revê ya navwelatî/Penaberiya dêrê
Klage	Gilî/Şikayet
Kontingentflüchtling	Penaberiya kontejanî?
Meldepflicht	Mecbûriyeta xwecînîşandayînê
minderjähriger (unbegleiteter) Flüchtling	penaberên zarok ên tenê
mündliche Verhandlung	îfadeya zarkî (devkî)
Nachfluchtgründe	sebebê koçberye ji pey revêra
Oberverwaltungsgericht	Mehkema îdariya bilind
offensichtlich unbegründet	eşkere bêsebeb
Passersatzpapiere	Belgeya dewsa pasportê
Protokoll	Protokol /Girte
Ratenzahlung	Deyn bi texsîta dayîn
Rechtsanwältin (f) / Rechtsanwalt (m)	Parêzer
Rechtsbehelf gegen eine Entscheidung einlegen	Serlêdana destdanîna li dijî biryarekî
Reisedokumente	Belgeya rêvîtiyê, pasport
Religionszugehörigkeit	Ji kîjan olê ye
Richterin (f) / Richter (m	Hakim
Rücknahmeübereinkommen	? Lihevhatina Paşvegirtinê
Sozialamt	Daîreya alîkariyê
Staatsangehörigkei	Hevwelati
Termin	Civan
Übersetzung	Wergera ziman
Verfolgung	Ketine pey, peyketin
a) politische	siyasî, polîtîkî
b) strafrechtliche	heqê cezakirina qanûnî
c) staatliche	dewletî
d) durch Dritte / mittelbare	di rêya kesên/hêbûnên sisiyan (navberî)
Verfolgungsgründe	sebebê peyketinê
Verhaftung	Girtin, binçavkirin
Verlängern	dirêjkirin
Verwaltungsgericht	mehkema îdarî
Visum	vîza, bi destûr ketin û derketina dewletek
Wohlfahrtsverband	?
Zeuge	şede, şehid

DEUTSCH	العربية/ ARABISCH	فارسی/ PERSISCH
ablehnen	يرفض	۱. رد کردن(درخواست)
Ablehnung	رفض	۲. جواب رد
Abschiebehaft	سجن الابعاد	۳. زندان اخراج
abschieben	يبعد	۴. اخراج کردن، بیرون کردن یک خارجی از کشور
Abschiebung	ابعاد	۵. اخراج
Abschiebungsanordung	الامر بالابعاد	۶. دستور اخراج
Abschiebungshindernis	عواقة الابعاد	۷. موانع اخراج
Abschiebungsschutz	حمايه ضد الابعاد	۸. حمایت و پشتیبانی در مقابل اخراج
Aktenzeichen	رقم السجل	۹. شمارهٔ پرونده
Altfall / Altfallregelung	قضية قديمه / تسويه القضايا القديمه	۱۰.مورد قدیمی/ تنظیم و ترتیب مورد قدیمی
anderweitige Verfolgungssicherheit	حمايه بطريقه مختلفه ضد الاضطهاد	۱۱.گونه‌ای دیگر از تأمین امنیت در مقابل تعقیب
Anerkennung (als Flüchtling)	الاعتراف بطلب اللجوء	۱۲.تأیید، به رسمیت شناختن(به عنوان پناهنده)
Anhörung (persönliche)	تحقيق (شخصيه)	۱۳.باز پرسی و تحقیق(شخصی)
Antrag stellen	طلب	۱۴.ارائه درخواست، تقاضا کردن
Asylantrag	طلب اللجوء	۱۵.تقاضای پناهندگی
asylberechtigt sein	لاجيء صحيح	۱۶.از حق پناهندگی برخوردار بودن
Asylbewerberin (f) / Asylbewerber (m)	طالبه لجوء / طالب لجوء	۱۷.متقاضی پناهندگی(زن)،(مرد) یا پناهجو
Asylbewerberleistungsgesetz (AsylblG)	قوانين الخدمات الاجتماعيه للاجئين	۱۸.خدمات اجتماعی ویژهٔ پناهجویان
Asylverfahren	قضيه اللجوء	۱۹.جریان قضایی پناهندگی
Asylverfahrensgesetz (AsylVfG)	قانون قضايا اللجوء	۲۰.قوانین قضایی پناهندگی
Aufenthalt (illegaler -)	اقامه (غير شرعيه)	۲۱.اقامت(- غیر قانونی)
Aufenthaltserlaubnis	موافقه الاقامه	۲۲.اجازهٔ اقامت
Aufenthaltsgestattung	اجازة الاقامه	۲۳.مجوز اقامت
aufschiebende Wirkung	تأثير التأجيل	۲۴.تأثیر آتی

DEUTSCH	العربية// ARABISCH	فارسی// PERSISCH
Ausländerbehörde	دائرة الاجانب	۲۵.اداره اتباع بیگانه
Auufenthltsgesetz (AuslG)	قوانين الاجانب	۲۶.قوانین خارجیان
ausreisepflichtig	الالتزام بترك البلد	۲۷.موظف به ترک کشور
Ausweisung	نفي ، طرد من البلد	۲۸.اخراج، تبعید
Behörde (zuständige)	الدائرة الحكومية (المختصه)	۲۹.ادارهٔ (مربوطه، مسؤول)
Beschwerde einlegen	شكوى	۳۰.طرح ادعای شکایت
Beweis	دليل ، بينه	۳۱.دلیل، مدرک
Botschaft	سفارة	۳۲.سفارت
Bundesamt für die Anerkennung	الدائرة الاتحاديه للاعتراف وقبول :	۳۳.ادارهٔ فدرال ارزشیابی(و شناسایی رسمی)
ausländischer Flüchtlinge	باللاجئين الاجانب	۳۴.پناهندگان خارجی
Bundesverwaltungsgericht	المحكمة الاداريه	۳۵.دادگاه اداری فدرال
Bürgerkrieg	حرب اهليه	۳۶.جنگ داخلی، برادرکشی
Dolmetscherin (f) / Dolmetscher (m)	مترجمة / مترجم	۳۷.مترجم(زن)، (مرد)
Drittstaat (sicherer -)	الدولة الامنه الثالثه (غير المانيا ونفس بلد)	۳۸.کشور سوم(-امن) : کشوری امن بجز کشور مبداء و آلمان
Duldung	واحد من انواع اقامة موقته	۳۹.(نوعی) اقامت موقت
Eilantrag	طلب مستعجل	۴۰.درخواست تعجیل
Einreise (illegale -) / Ausreise	دخول (غير شرعي) / خروج	۴۱.ورود (-غیر قانونی)/ خروج
erkennungsdienstliche Behandlung	التعرف على الشخصيه :	۴۲.انجام امور شناسایی(از طریق عکس، اثر انگشت و غیره)
(Foto, Fingerabdruck etc.)	(بواسطه الصور، طبع الاصابع و...)	
Flucht	هروب	۴۳.فرار
Fluchtgründe(Vorfluchtgründe)	اسباب الهروب (قبل الهروب)	۴۴.دلایل فرار
Flüchtling	لاجئ	۴۵.فراری (پناهنده)
Flüchtlingsorganisation	منظمه شؤون اللاجئين	۴۶.سازمان پناهندگان
Flughafenverfahren	قضيه اللجوء في المطار	۴۷.جریان پناهندگی در فرودگاه
Folgeantrag	طلب جديد	۴۸.درخواست مجدد (پناهندگی)

DEUTSCH	العربية / ARABISCH	فارسی / PERSISCH
Folter	تعذيب	۴۹.شکنجه
Frist	أجل ، مهلة	۵۰.مهلت/ موعد
Gefängnis	سجن	۵۱.زندان
Gemeinschaftsunterkunft	مبيت ، مسكن جماعي	۵۲.اقامتگاه یا مسکن جمعی
Genfer Flüchtlingskonvention	اتفاقية جنيف للاجئين	۵۳.عهدنامه (کنوانسیون) پناهندگی ژنو
Geschäftszeichen	رقم المستندات	۵۴.مشخصات پرونده
Grundgesetz (GG)	القانون الاساسي	۵۵.قوانین اساسی
Gutschein	قسيمة ، بون	۵۶.حواله ، برگهٔ پرداخت
Herkunftsland (sicheres -)	الوطن	۵۷.وطن (- امن)
inländische Fluchtalternative/Kirchenasyl	امكانية البقاء في نفس البلد ولكن في مكان اكثر امانا /	۵۸.امکان پناهندگی داخلی / مثلا پناهندگی به کلیسا
Klage	اللجوء عن طريق الكنيسة دعوى ، شكوى	۵۹.دادخواست، شکایت
Kontingentflüchtling	لجوء طارئ جماعي لفترة معينة	۶۱.جیرهٔ پناهندگی
Meldepflicht	اجبارية التسجيل	۶۲.وظیفهٔ معرفی خود
minderjähriger (unbegleiteter) Flüchtling	اللاجئين القصر (بدون مرافقة)	۶۳.پناهنده خردسال (بدون همراه)
mündliche Verhandlung	محاكمة شفوية	۶۴.مذاکره شفاهی (بررسی و رسیدگی)
Nachfluchtgründe	الاسباب اللجوء بعد الهروب	۶۵.علل(پناهندگی) پس از فرار(از کشور مادر)
Oberverwaltungsgericht	المحكمة العليا المختصة بالشؤون الادارية	۶۶.دادگاه عالی اداری
offensichtlich unbegründet	رفض قاطع ، الاسباب غير كافية	۶۷.بطور واضح غیر مستدل (دلایل ناکافی)
Paßersatzpapiere	الوثائق البديلة عن الجواز	۶۸.مدارک جایگزین پاسپورت (المثنای پاسپورت)
Protokoll	محضر الجلسة	۶۹.صورت جلسه
Ratenzahlung	الدفع بالاقساط	۷۰.پرداخت قسطی
Rechtsanwältin (f) / Rechtsanwalt (m)	محامية / محامي	۷۱.وکیل (زن)،(مرد)
Rechtsbehelf gegen eine Entscheidung einlegen	استئناف	۷۲.تقاضای کمک حقوقی نمودن / استیناف
gegen eine Entscheidung	الاعتراض ضد فصل	۷۳.مخالفت یا اعتراض نسبت به یک حکم

DEUTSCH	العربية / ARABISCH	فارسی // PERSISCH
Reisedokumente	وثائق السفر	۷۴.مدارک سفر
Religionszugehörigkeit	تبعية الديني (دين)	۷۵.تعلقات مذهبی
Richterin (f) / Richter (m)	حاكمة / حاكم	۷۶.قاضی (زن)، (مرد)
Rücknahmeübereinkommen	اتفاقية اعادة اللاجئين	۷۷.توافق جهت استرداد (پناهنده)
Sozialamt	مكتب الشؤون الاجتماعية	۷۸.ادارهٔ کمکهای اجتماعی
Staatsangehörigkeit	الجنسية ، التبعية	۷۹.تابعیت (ملیت)
Termin	موعد	۸۰.وعده، قرار
Übersetzung	ترجمة	۸۱.برگردان، ترجمه
UNHCR	هيئة الامم المتحدة العليا للاجئين	۸۲.کمیساریای عالی پناهندگان سازمان ملل متحد
Verfolgung	مطاردة :	۸۳.تعقیب:
a) politische	a) اسباب سياسية	۸۴. ---- سیاسی
b) strafrechtliche	b) اسباب اجرامية	۸۵. ---- جزایی
c) staatliche	c) رسمياً ، حكومياً	۸۶. ---- رسمی و دولتی
d) durch Dritte / mittelbare	d) غير مباشر / غير رسمي	۸۷. ---- توسط شخص سوم / با واسطه
Verfolgungsgründe	اسباب المطاردة	۸۸.دلایل تعقیب
Verhaftung	قبض ، اعتقال	۸۹.دستگیری، بازداشت
verlängern	تمديد	۹۰.تمدید
Verwaltungsgericht	المحكمة المختصة بالشؤون الادارية	۹۱.دادگاه اداری
Visum	تأشيرة	۹۲.روادید، ویزا
Wohlfahrtsverband	جمعية خيرية	۹۳.انجمن خیریه (جهت کمک به تامین رفاه)
Zentrale Anlaufstelle für Asylbewerberinnen und Asylbewerber (ZAST)	الدائرة المختصة باستقبال اللاجئين	۹۴.اداره مرکزی(رسیدگی به امور) پناهجویان (زن و مرد)
Zeuge	شاهد	۹۵.شاهد

DEUTSCH	ትግርኛ TIGRINYA (ERITREA/ÄTHIOPIEN)	DEUTSCH	ትግርኛ TIGRINYA (ERITREA/ÄTHIOPIEN)
Ablehnen	ምንጻግ	**Ausländerbehörde**	ቤት ጽሕፈት ወጻእታኛታት
Ablehnung	ተነጺጉ	**Ausreisepflichtig**	ናይ ምስጋግ ግቡእ
Abschiebehaft	ናይ ምጥራዝ ማእሰርቲ	**Ausweisung**	ምስጉኣግ (ምጥራዝ)
Abschieben	ጥርዝያ	**Behörde (zuständige)**	ሓላፍነት ዘለዎ ቤት ጽሕፈት
Abschiebung	ምጥራዝ	**Beschwerde einlegen**	ጥርዓን ምቕራብ
Abschiebungsanordnung	ናይ ምጥራዝ ትእዛዝ	**Beweis**	መረጋገጺ
Abschiebungshindernis	ናይ ምጥራዝ ምኽልካል	**Botschaft**	ኤምባሲ
Abschiebungsschutz	ናይ ጥርዝያ ድሕነት	**Bundesamt für Migration und Flüchtlinge**	ቤት ጽሕፈት ናይ ስደተኛታት
Aktenzeichen	ቁጽሪ ፋይል	**Bundesverwaltungsgericht**	ሃገራዊ ምምሕዳር ቤት ፍርዲ
Altfall / Altfallregelung	ዝኣረገ ነገር /ኣረጊት ሕጊ	**Bürgerkrieg**	ህዝባዊ ውግእ(ውግእ ሃድሕድ)
anderweitige Verfolgungssicherheit	ካልእ ዓይነት ናይ ምክትታል ውሕስነት	**Dolmetscherin (f) / Dolmetscher (m)**	ተርጉኣማይ ወይ ተርጉኣሚት
Anerkennung (als Flüchtling)	ተቐባልነት ከም ስደተኛ	**Drittstaat (sicherer -)**	ሳልሳይ ሃገር
Anhörung (persönliche)	ውልቃዊ መርመራ	**Duldung**	ፍቓድ
Antrag stellen	እቤቱታ ምቕራብ	**Eilantrag**	ህጹጽ ማመልከቻ
Asylantrag	ናይ ስደተኛ ኣቤቱታ ምቕራብ	**Einreise (illegale -) / Ausreise**	ዘይ ሕጋዊ መገሻ
asylberechtigt sein	ከም ስደተኛ ተቐባልነት ምርካብ	**erkennungsdienstliche Behandlung**	መንነትካ ንምፍላጥ ዝግበር
Asylbewerberin (f) / Asylbewerber (m)	ናይ ስደተኛ እቤቱታ ኣቕራቢት ወይ ኣቕራቢ	**(Foto, Fingerabdruck etc.)**	መርመራ (ስእሊ ወይ ዓሻራ)
Asylbewerberleistungsgesetz (AsylblG)	ናይ ኣቕራቢ ኣቤቱታ መሰል ሕጊ	**Erstaufnahmeeinrichtung**	መጀመርታ ምስ መጻእካ ከም
Asylverfahren	ናይ ስደተኛ መሳረዪ	**für Flüchtlinge**	ስደተኛ ትኣትወሉ ቦታ
Asylverfahrensgesetz (AsylVfG)	ናይ ስደተኛታት መጻረዪ ሕጊ	**Flucht**	ህድማ
Aufenthalt (illegaler -)	ምንባር ምቕማጥ (ዘይሕጋዊ)	**Fluchtgründe (Vorfluchtgründe)**	ምኽንያት መህደሚኻ
Aufenthaltserlaubnis	ፍቓድ መቐመጢ (መንበሪ)	**Flüchtling**	ስደተኛ
Aufenthaltsgesetz (AufenthG)	ናይ መንበሪ ሕጊ	**Flüchtlingsorganisation**	ናይ ስደተኛታት ሓገዝቲ ማሕበር
Aufenthaltsgestattung	ፍቓድ ናይ መንበሪ(በዘይ ምቕባል)	**Flughafenverfahren**	ኣብ ኣየርፖርት ዝግበር መጻረዪ
aufschiebende Wirkung	ናይ መጠረዚ ሳዕቤን		

DEUTSCH	ትግርኛ TIGRINYA (ERITREA/ÄTHIOPIEN)
Folgeantrag	ቀጻሊ ኣቤቱታ
Folter	ምቕትቓጥ (ምቕጻዕ)
Frist	ቆጸራ
Gefängnis	ቤት ማእሰርቲ
Gemeinschaftsunterkunft	ናይ ሓባር መቐመጢ
Genfer Flüchtlingskonvention	ናይ ጀነቫ ናይ ስደተኛታት ውዕል
Geschäftszeichen	ቁጽሪ መዝገብ
Grundgesetz (GG)	ሕገመንግስቲ
Gutschein	ናዝ ኣስቤዛ መግዝኢ ወረቐት
Herkunftsland (sicheres -)	ዝመጸካሉ ሃገር
inländische Fluchtalternative/	ካልእ ኣብ ወሽጢ ሃገር ተገብሮ ህድማ
/Kirchenasyl	ንእብነት ኣብ ቤተ ክረስቲያን ምሕባእ
Klage	ክሲ
Kontingentflüchtling	ናይ ክፈለዓለም ስደተኛ
Meldepflicht	ናይ ምምልካት ግብእ
minderjähriger (unbegleiteter) Flüchtling	ትሕቲ ዕድመ በዘይ ስድርኡ ዝተሰደደ
mündliche Verhandlung	እፋዊ ውዕል
Nachfluchtgründe	ምኽንያት መህደሚ
Oberverwaltungsgericht	ላዕለዋይ ቤት ፍርዲ
offensichtlich unbegründet	በዘይ ምኽንያት
Passersatzpapiere	ናዝ ፓስፖርት ዝትክእ ወረቓቕቲ
Protokoll	ብጽሑፍ ዝተሓዝ
Ratenzahlung	በብቁሩብ ምኽፋል
Rechtsanwältin (f) / Rechtsanwalt (m)	ጠበቓ

DEUTSCH	ትግርኛ TIGRINYA (ERITREA/ÄTHIOPIEN)
Rechtsbehelf gegen eine Entscheidung einlegen	ተጣባቒይ መሰል ኣንጻር ይተዋህበ ውሳኔ
Reisedokumente	ናይ መገሻ ወረቓቕቲ
Religionszugehörigkeit	ህይማኖትካ
Richterin (f) / Richter (m)	ፈራዳይ ፈራዲት
Rücknahmeübereinkommen	ምምላስ ዛዳ እቶት
Sozialamt	ሶሻል
Staatsangehörigkeit	መንነት
Termin	ቆጸራ
Übersetzung	ምትርጉኣም
UNHCR	ዓለምለኻዊ ተኸታታሊ ስደተኛታት
Verfolgung	ምክትታል
a) politische	ፖለቲካዊ
b) strafrechtliche	መቕጻዕቲ
c) staatliche	ሃገራዊ
d) durch Dritte / mittelbare	ብሳልሳይ ኣካል
Verfolgungsgründe	ምኽንያት ምክትታል(ንመንታይ ከምዝተኻታተሉኻ)
Verhaftung	ምእሳር
Verlängern	ምንዋሕ
Verwaltungsgericht	ምምሕዳር ቤት ፍርዲ
Visum	ቪዛ
Wohlfahrtsverband	ሓገዝቲ ማሕበራት
Zeuge	ምስክር

DEUTSCH	РУССКИЙ ЯЗЫК/RUSSISCH
Ablehnen	отказать
Ablehnung	Отказ
Abschiebehaft	Арест для депортации
Abschieben	депортировать
Abschiebung	депортация
Abschiebungsanordnung	приказ о депортации
Abschiebungshindernis	Преграда депортации
Abschiebungsschutz	Защита от депортации
Aktenzeichen	номер дела
Altfallregelung	Старое регулирование случая
Anderweitige Verfolgungssicherheit	Безопасность в другом месте
Anerkennung (als Flüchtling)	Признании статуса (беженца)
Anhörung (persönliche)	Интервью (личное)
Antrag stellen	Сделать запрос
Asylantrag	Заявление на убежища
Asylberechtigt sein	Быть правомочным на убежище
Asylbewerberin (f)/Asylbewerber (m)	Лица ищущие убежища
Asylbewerberleistungsgesetz	Закон Преимущества для беженца
Asylverfahren	процедура предоставления убежища
Asylverfahrensgesetz	Закон процесса убежища
Aufenthalt (-illegaler)	нелегальное пребывание
Aufenthaltserlaubnis	разреше⊠ние на прожива⊠ние
Aufenthaltsgesetz	Закон пребывания
Aufenthaltsgestattung	Разрешение пребывания
Aufschiebende Wirkung	приостанавливающее действие
Ausländerbehörde	Иностранный орган власти

DEUTSCH	РУССКИЙ ЯЗЫК/RUSSISCH
Ausreisepflichtig	обязанный выехать
Ausweisung	Высылка
Behörde	ведомство
Beschwerde einlegen	пожаловаться
Botschaft	посольство
Bundesamt für Migration und Flüchtlinge	Федеральное бюро по вопросам миграции и беженцев
Bundesverwaltungsgericht	Высший административный суд
Bürgerkrieg	гражданская война
Dolmetscherin (f) / Dolmetscher (M)	переводчик
Drittstaat	Третье государство
Duldung	Кратковременное разрешение на проживание
Eilantrag	Срочное заявление
Einreise (illegale-) / Ausreise	въезд (нелегальный) / выезд
Erkennungsdienstliche Behandlung (Foto, Fingerabdruck etc.)	Процедуры снятия отпечатков пальцев И фотографии
Erstaufnahmeeinrichtung für Flüchtlinge	Первое учреждение принятия для беглецов
Flucht	бегство
Fluchtgründe	Причины для бегства
Flüchtlingsorganisation	Организация для беженцев
Flughafenverfahren	Процессы аэропорта (для беглецов которыйе въезжают через аэропорт)
Folgeantrag	новое заявление убежища из-за изменения обстоятельств

DEUTSCH	РУССКИЙ ЯЗЫК/RUSSISCH
Folter	пытки
Frist	срок
Gefängnis	тюрьма
Gemeinschaft Unterkunft	общее размещение беглецов
Genfer Flüchtlingskonvention	Конвенция о статусе беженцев Женева
Grundgesetz (GG)	конституция
Gutschein	купон
Herkunftsland	родословная страна
Inländische Fluchtalternative / Kirchenasyl	Внутренняя альтернатива бегства / Церковное убежище
Klage	иск
Kontingentflüchtling	Беглец контингента
Meldepflicht	Обязательная регистрация
Minderjähriger (unbegleiteter) Flüchtling	Несовершеннолетние беженец (без сопровождения)
mündliche Verhandlung	Слух/ устные переговоры
Nachfluchtgründe	Постпричины бегства
Oberverwaltungsgericht	Высший административный суд
Offensichtlich unbegründet	Очевидно необоснованно
Passersatzpapiere	Временные документы на паспорт
Protokoll	протокол
Ratenzahlung	оплата в рассрочку
Rechtsanwältin (f), Rechtsanwalt (m)	адвокат

DEUTSCH	РУССКИЙ ЯЗЫК/RUSSISCH
Reisedokumente	Проездные документы
Religionszugehörigkeit	Религиозная принадлежность
Richterin (f), Richter (m)	судья
Rücknahmeübereinkommen	соглашение о принятии обратно
Sozialamt	ве⊠домство по социа⊠льному обеспе⊠чению
Staatsangehörigkeit	национальность
Termin	встреча
Übersetzung	перевод
UNHCR	Управление Верховного комиссара ООН по правам человека
Verfolgung	преследование
a) Politische	а)политическое
b) Strafrechtliche	б) уголовное
c) Staatliche	в)государственное
d) Durch Dritte/ Mittelbare	Г) другими
Verfolgungsgründe	Причина преследования
Verhaftung	арест
Verlängern	продлить
Verwaltungsgericht	Административный суд
Visum	виза
Wohlfahrtverband	Союз общего блага
Zeuge	свидетель

Ankündigung

Neues „Ach so! - intensiv“ Übungsbuch

Ab Sommer 2015 können Sie als sinnvolle Ergänzung zu dem bewährten „Ach so!“ ein neues Übungsbuch bestellen.

„Ach so! intensiv – Themen und Übungen 1“ heißt das neue Lehrwerk, in dem Lernende viele zusätzliche Übungen finden, mit denen sie das bisher Erlernte vertiefen und ergänzen können. Das Buch beschreibt die wesentlichen Sprachphänomene der deutschen Sprache und leitet dazu an, sie sich durch wiederholtes Üben besonders gründlich einzuprägen. Ein hilfreiches Lehrwerk – besonders für Anfänger_innen.

Das neue **„Ach so! intensiv – Themen und Übungen 1“** können Sie zum gleichen Preis (6,80 pro Einzelexemplar / deutlicher Mengenrabatt bei Sammelbestellung) und auf dem gleichen Weg wie das bisherige „Ach so!“ bei uns bestellen:

Mail an bestellung@ibis-ev.de
oder Fax an 04 41 - 984 96 06
oder Bestellung im Webshop unter: www.ibis-ev.de

Menschen, die vor Krieg, Hunger und Folter flüchten, brauchen einen sicheren Raum und Unterstützung in der fremden Umgebung.

Für diese Hilfe zur Integration setzt sich in Oldenburg seit 1994 IBIS - Interkulturelle Arbeitsstelle e.V. ein.

Wir sind ein gemeinnütziger Verein, dessen Ziele die Wahrung der Menschenrechte und das friedliche Zusammenleben von Menschen unterschiedlicher Herkunft sind. Wir helfen in Asyl- und Gesundheitsfragen, bei der Beschaffung von Wohnraum und von Arbeitsplätzen, und, wenn Zuwanderer es wollen, auch bei der freiwilligen Rückkehr in ihr Heimatland. Außerdem bietet IBIS e.V. seit 2011 kostenlose Nachhilfe für Kinder und Jugendliche mit und ohne Migrationshintergrund an. Wir organisieren Deutschkurse für Flüchtlinge, die eigentlich noch keinen Zugang zu Sprachkursen haben.

Das alles wird ausschließlich durch Spenden und sehr knapp bemessene Projektgelder finanziert. Qualifizierte Menschenrechtsarbeit kostet Geld, ist aber langfristig wichtig für ein friedliches Zusammenleben. Wenn wir die positiven Ressourcen derjenigen erkennen und fördern, die zu uns kommen, stabilisiert das unsere Gesellschaft.

Wenn Sie die Arbeit von IBIS e.V. unterstützen möchten, freuen wir uns über Ihre Spende, mit der wir uns weiterhin unabhängig und objektiv für die Menschenrechte einsetzen können. Ihr Beitrag – egal, wie groß oder klein – ist eine große Hilfe, damit wir auch in Zukunft unsere Arbeit fortsetzen können.

Infos zu Spenden und Fördermitgliedschaft finden Sie auf unserer Website:
http://www.ibis-ev.de/de/spenden
IBAN: DE13 2805 0100 0000 4317 59
BIC: BRLADE21LZO
Landessparkasse zu Oldenburg
Verwendungszweck: Spende

Ach so! wird im IBIS-Verlag herausgegeben.

Möchten Sie mehr über IBIS e.V. wissen?

Hier finden Sie eine kurze Übersicht:

Wofür setzt sich IBIS eigentlich ein?
IBIS e.V. versteht unter Integration das respektvolle und gleichberechtigte Zusammenleben aller Menschen mit ihren individuellen und kulturellen Unterschieden und Gemeinsamkeiten.
Seit 1994 setzt sich die Oldenburger „IBIS - Interkulturelle Arbeitsstelle für Forschung, Dokumentation, Bildung und Beratung e.V." für das friedliche Zusammenleben von Menschen unterschiedlicher Herkunft ein.
Grundlage dafür sind die Menschenrechte, deren Wahrung IBIS e.V. als besonders bedeutsam für eine erfolgreiche Integration von Migrant_innen und anderen benachteiligten Gruppen ansieht.

Und was genau wird getan, im Arbeitsalltag der „Ibisse"?

IBIS e.V. bietet Sprachkurse für Migrant_innen an
Bei uns gibt es neben den allgemeinen Integrationskursen auch Kurse, die speziell auf Menschen mit Alphabetisierungsbedarf, Frauen oder Jugendliche zugeschnitten sind. Eine Kinderbetreuung während der Kurszeiten garantiert den Teilnehmer_innen ungestörtes, ruhiges Lernen. Auch die Beratung und Hilfe bei den Anmeldungsformalitäten ist als Service IBIS kostenlos. Die Erfolgsquote der IBIS-Deutschkurse liegt deutlich über dem Bundesdurchschnitt.

IBIS berät Flüchtlinge
In der IBIS-Flüchtlingsberatung erhalten Flüchtlinge seit vielen Jahren umfassende Informationen zu ihrem Asylverfahren, zu sozialen und gesundheitlichen Fragen und zum Aufenthaltsrecht.
Für besonders schutzbedürftige und traumatisierte Flüchtlinge bieten wir ein professionelles psychosoziales Beratungs- und Unterstützungsangebot an.

IBIS hat ein Begegnungscafé
Im CAFÉ IBIS in der Klävemannhalle können sich Besucher_innen montags bis freitags in entspannter Atmosphäre bei Kaffee, Tee und Keksen austauschen und die Angebote des Hauses kennen lernen. Alle Oldenburger_nnen sind herzlich willkommen!
Im wöchentlich stattfindenden Flüchtlingscafé (freitags von 14h – 18h) können Flüchtlinge Nachrichten aus ihren Heimatländern lesen, Deutsch lernen, Einheimische kennen lernen oder sich beraten lassen.

Unter dem Dach von IBIS befindet sich die Antidiskriminierungsstelle
IBIS e.V. bietet unabhängige Antidiskriminierungs-Beratung nach dem Allgemeinen Gleichbehandlungsgesetz an und wertet die gesammelten Daten aus, um politische Forderungen zu stellen.
Außerdem vernetzt sich der Verein regional und überregional mit anderen Vereinen, Gruppen und Einrichtungen, die in der Antidiskriminierungsarbeit tätig sind.
IBIS ist Gründungsmitglied des Antidiskriminierungsverbandes Deutschland (advd).

IBIS bietet Weiterbildung für Schüler und Erwachsene an

IBIS e.V. hat verschiedene Bildungsangebote für Menschen mit und ohne Migrationshintergrund im Programm. So auch für Menschen, die beruflich mit dem Thema Migration zu tun haben.

Für Menschen mit Migrationshintergrund bietet IBIS Unterricht in Grundbildung und Sprache. Schüler_innen werden bei der Wahrnehmung von Bildungschancen unterstützt, und seit 2011 bietet IBIS e.V. qualifizierte Nachhilfe für Kinder mit Migrationshintergrund an (bei Bezug von Sozialleistungen kostenlos)

IBIS zeigt die Vielfalt der Kulturen

Seit dem Umzug in die Oldenburger Klävemannstraße kann IBIS e.V. attraktive interkulturelle Veranstaltungen im eigenen Theatersaal („IBIS-Halle“) anbieten. Seit einigen Jahren finden in dieser Halle regelmäßig spannende und erfolgreiche Veranstaltungen statt – Ausstellungen ebenso wie interkulturelle Partys, Theater, Vorträge, Workshops, Podiumsdiskussionen usw.

Zu IBIS gehören auch eine Druckerei und ein Verlag

Im eigenen Verlag veröffentlicht die Interkulturelle Arbeitsstelle Schriften zur Förderung der interkulturellen Arbeit, der Flüchtlingsberatung und zur Umsetzung der Menschenrechte. Eine Übersicht der Publikationen ist auf Anfrage erhältlich.

Außerdem bietet IBIS e.V. die Ausführung und Vermittlung von Druckaufträgen auch für Privatpersonen, Unternehmen und andere Vereine an.

Alle Überschüsse, die dabei erwirtschaftet werden, fließen in die interkulturelle und antirassistische Arbeit von IBIS.

Bestellung für Klassensätze

An IBIS -
Interkulturelle Arbeitsstelle e.V.
Klävemannstraße 16
26122 Oldenburg

Fax: 04 41 - 984 96 06
Mail: bestellung@ibis-ev.de
oder Bestellung im Webshop
unter: www.ibis-ev.de

Preisstaffel
(jeweils Anzahl des selben Titels):

1 – 9	Bücher	6,80 €/Stück
10 – 19	Bücher	5,80 €/Stück
20 – 49	Bücher	5,30 €/Stück
50 – 99	Bücher	5,00 €/Stück
ab 100	Bücher	4,50 €/Stück

Ich bestelle für den Unterricht

.... Stück Bietz: **Ach so! Deutsch als Fremdsprache** zzgl. Porto und Versandkosten

.... Stück Übungsbuch. Janßen-Snakker: Ach so! Intensiv - Themen und Übungen 1

Unterschrift ....

Kundennummer (falls vorhanden)

Rechnungsadresse: ....
Name/Organisation

....

....
Adresse

Telefon .... e-Mail .... (für Rückfragen)

Lieferadresse: ....
(falls abweichend) Name/Organisation

....

....

....
Adresse

SEPA-Lastschriftmandat

Ich ermächtige IBIS e.V. die Zahlung für diese Bestellung von meinem Konto mittels Lastschrift einzuziehen. Zugleich weise ich mein Kreditinstitut an, die von IBIS e.V. auf mein Konto gezogenen Lastschriften einzulösen.

Hinweis: Ich kann innerhalb von acht Wochen, beginnend mit dem Belastungsdatum, die Erstattung des belasteten Betrages verlangen. Es gelten dabei die mit meinem Kreditinstitut vereinbarten Bedingungen.

IBAN .... BIC ....

Bank ....

Kontoinhaber ....

Unterschrift: ....